선생님이 되면
마냥 좋을 줄
알았습니다만

선생님이 되면 마냥 좋을 줄 알았습니다만

학교에서 행복한 교사로 거듭나기 위한 30일 처방전

초 판 1쇄 2024년 11월 25일

지은이 최민석
펴낸이 류종렬

펴낸곳 미다스북스
본부장 임종익
편집장 이다경, 김가영
디자인 윤가희, 임인영
책임진행 이예나, 김요섭, 안채원, 김은진, 장민주

등록 2001년 3월 21일 제2001-000040호
주소 서울시 마포구 양화로 133 서교타워 711호
전화 02) 322-7802~3
팩스 02) 6007-1845
블로그 http://blog.naver.com/midasbooks
전자주소 midasbooks@hanmail.net
페이스북 https://www.facebook.com/midasbooks425
인스타그램 https://www.instagram.com/midasbooks

ISBN 979-11-6910-923-9 03370

값 20,000원

선생님이 되면 마냥 좋을 줄 알았습니다만

학교에서 행복한 교사로
거듭나기 위한 30일 처방전

최민석 지음

미다스북스

프롤로그

선생님,
학교에서 행복하세요?

어느 날, 말썽 한번 없었던 딸이 엄마에게 떼쓰기 시작했습니다.

"엄마, 학교 가기 싫어요."

엄마는 "왜?"라고 물었습니다.

"애들이 저랑 안 놀아 주고 따돌린다고요."

이 말을 들은 엄마는 한숨을 쉬며 타이르듯 말했습니다.

"그래도 가야지. 네가 선생인데…."

어디선가 한 번쯤 들어 보았을 유머입니다.

오늘 아침에도 학교 가기가 싫다는 선생님, 혹시 당신은 아닌지요?

지하철 안의 아침 출근길을 상상해 봅니다. 거대한 강물에 떠밀려 가듯이 많은 사람들이 타고 내립니다. 직장에 가고 싶어 안달이 난 사람은 전혀 보이지 않습니다. 모두가 무표정한 얼굴로 어디론가 끌려가는 것처럼 보입니다. 생기 잃은 지하철 안에 대한민국 교사가 몇 명이나 있을까 갑자기 궁금했습니다.

우리나라 교원 수는 전국에 약 50만 명에 이릅니다.[1] 우리나라 인구가 5,000만 명이 조금 넘으니 전체 인구 중 1%에 해당합니다. 남녀노소 상관없이 대한민국 국민 100명이 모여 있으면 그중에 대한민국 교사가 1명 있습니다. 만 15세 이상의 경제활동인구가 약 3,000만 명 정도 된다고 하니, 실제로 아침에 출근하는 직장인으로만 보면 약 2%가 조금 안 되는 인원이 교사입니다. 지하철 한 칸의 적정 인원이 160명이라고 합니다.[2] 출퇴근 지하철 한 칸에 있는 대한민국 교사가 확률적으로 3명 정도 있는 셈입니다. 여기에 대학에서 근무하는 교수, 강사 분들을 더하면 그 수는 더 늘어나게 됩니다. 생각보다 적지 않은 인원입니다. 그런데, 아침에 출근하는 그 많은 수의 선생님의 표정이 즐거워 보이지 않습니다.

선생님이 되면 마냥 좋을 줄만 알았습니다만, 기대했던 것과는 다른가 봅니다.

교육부가 최근에 발표한 「학생 희망 직업 조사 결과」[3]를 보면 초등학생 3위, 중학생 1위, 고등학생 1위를 차지한 희망 직업은 다름 아닌 '교사'입니다. 특히 중학생과 고등학생의 경우에는 최근 3년 동안 희망 직업 1위가 '교사'였습니다. 공신력 있는 다른 기관에서 조사한 희망 직업에서도 교사라는 직업은 해마다 늘 상위권에 있습니다. 선망의 직업인 '교사'를 그토록 원했기에 열심히 노력해서 드디어 '선생님'이란 소리를 듣게 되었는데, 즐거운 출근길 표정이 아닌 걸 보니 기대했던 삶이 아닌가 봅니다.

교사도 직장인입니다. 교사 되기가 힘들어서 그렇지, 교사가 되기만 하면 확실한 신분과 안정적인 수입, 여러 복지 제도 혜택 등이 보장되니 다른 직장인의 눈으로 보면 부러움의 대상이 되는 직업이기도 합니다. 하지만 어찌 좋은 일만 있겠습니까? 모든 직업이 다 그렇겠지만 남들이 모르는 비애가 숨어 있습니다.

지금, 대한민국 교사는 마음의 상처를 치료하기 위한 처방전이 필요합니다.

세상은 변해 갑니다. 그에 맞춰 교육도 변해 가고 있습니다. 당연히 교육과정도 변하고, 학교도 변하고 있습니다. 교실에서 공부하는 학생들도 변하고, 교과서 내용도 변하고 있습니다. 가르치는 것이 날로 어려워지고 있습니다. 대학 입시 제도도 자주 바뀌고, 자유학기제, 고교학점제, 돌봄학교 등 새로운 것들은 자꾸 생겨나는데, 기존의 것들은 잔재처럼 남아서 학교 현장은 늘 혼란스럽습니다.

여기에 오류 없는 선택형 문항 출제, 서술형 및 수행평가의 공정한 평가, 학교생활기록부의 기재 등은 조금만 주의를 기울이지 않아도 큰 문제로 번질 수 있어 신경을 많이 써야 합니다. 이뿐만이 아닙니다. 학교 축제, 수학여행, 수련회, 현장체험학습, 체육대회, 입학식, 졸업식과 함께 가정의 달, 과학의 달, 독서의 달, 호국보훈의 달 등 매달 정기적으로 치러야 하는 여러 프로그램도 운영해야 합니다. 게다가 학생 상담은 기본이고, 때로는 학부모가 제기한 민원도 처리해야 합니다.

이 같은 과정에서 육체적인 어려움은 말할 것도 없고, 마음의 상처도 생깁니다. 대한민국 교사로 살아가기에 그렇게 만만치 않은 것이 지금의 현실입니다. 이런 상황이니 명예퇴직을 하는 선배 교사들과 교직을 그만두는 후배 교사들이 늘어 가고 있습니다. 최근에는 교사 스스로 목숨을 끊는 너무나도 안타까운 사건도 있었습니다. 선생님이 행복하지 않으면 매일 함께하는 600만 명의 학생[4]들도 행복할 수가 없습니다.

선생님, 당신은 지금 학교에서 행복하세요?

스스로에게 질문을 던져 봅니다. 그리고 제 교직 생활을 곱씹어 보았습니다. 학교는 제게 두려움의 대상이었을까요? 아니, 생각보다 그리 나쁘지는 않았습니다. 오히려 교사로 지내며 행복한 시간이 더 많았습니다. 인간은 망각의 동물이라 힘든 시절을 잊어버렸을 수도 있습니다. 분명한 건 20년 이상 지내온 교직 생활에서 힘든 일들도 있었지만, 그 시간들을 나름의 방법으로 극복하며 행복하게 지내 왔습니다.

누구나 힘든 순간이 오지만, 그 상황에서 자신의 감정과 생각, 그리고 행동은 스스로 선택할 수 있습니다. 행복을 주는 감정, 생각, 행동들을 좋은 습관으로 만들면 지금보다 더 행복한 삶을 만들 수 있다고 믿으며 지내 왔습니다. 그래서 스스로 터득한 학교에서의 행복을 이 책을 통해 당신 — 후배 교사, 동료 교사, 선배 교사, 그리고 예비 교사에게 전하고 싶었습니다.

『선생님이 되면 마냥 좋을 줄 알았습니다만』은 학교에서 행복한 교사로 거듭나기 위한 30개의 행복 처방전을 담았습니다.

쉬는 시간에 교무실에서, 퇴근 후 카페나 음식점에서 커피나 차도 마시고, 밥도 먹고, 때로는 술 한 잔 기울이면서 당신에게 들려드리고 싶은 이야기를 담았습니다.

먼저, 저와 당신의 학교 이야기를 시로 풀어 보았습니다. 능력이 부족해서이기도 하지만, 세련된 시어와 표현 기교가 가득한 시는 아닙니다. 평범하게 쓰인 짧은 글처럼 읽기 편하며, 쉽게 이해하고 함께 공감할 만한 내용을 시에 담았습니다. 거기에 에세이를 덧붙여 우리의 행복에 대한 이야기를 당신에게 들려드릴 겁니다. 그리고 한 달, 30일 동안 하루에 하나씩 실천하면 행복을 만들어 줄 습관들, '행복을 위한 처방전'을 간단하게 덧붙여 보았습니다.

『선생님이 되면 마냥 좋을 줄 알았습니다만』이 당신의 상처 난 마음에 붙이는 위로의 반창고가 되었으면 좋겠습니다.

행복은 목적이 아니라, 습관이라고 합니다. 행복은 강도가 아니라, 빈도가 중요하다고 합니다. 당신에게 행복을 주는 것들을 주위에 많이 만들어 두어야 합니다. 당신이 생활하는 학교 곳곳에 행복을 주는 스위치를 많이 만들어 두어야 합니다. 그리고 틈나는 대로 습관처럼 자주 누르면서 행복한 감정을 느껴야 합니다.

대한민국의 교사로 학교에서 지내는 당신!

수업이 즐겁지 않고, 학생 만나는 것이 신나지 않고, 동료 교사와의 관계가 멀어져 학교에서 지내는 것이 힘들다고 느껴질 때가 있습니다. 그때 당신께서 이 책을 읽으면서 조금이나마 위로와 위안을 받기를 바랍니다. 쉬는 시간 10분 동안 이 책의 어느 페이지를 읽으면서 다시 시작할 수 있는 용기를 얻었으면 합니다. 그래서 소중한 당신의 행복을 만들어 갈 수 있기를 진심으로 바랍니다.

대한민국의 자랑스러운 교사, 당신!

오늘도 당신을 응원합니다.

목차

3주 차
학생을 만나면 마냥 즐거울 줄 알았습니다만

4주 차
교무실에 함께 있으면 마냥 친할 줄 알았습니다만

돌아보기
우리의 인생은 결국 학교에서 펼쳐지고 있으니

1주 차

학교에 가면
마냥 좋을 줄
알았습니다만

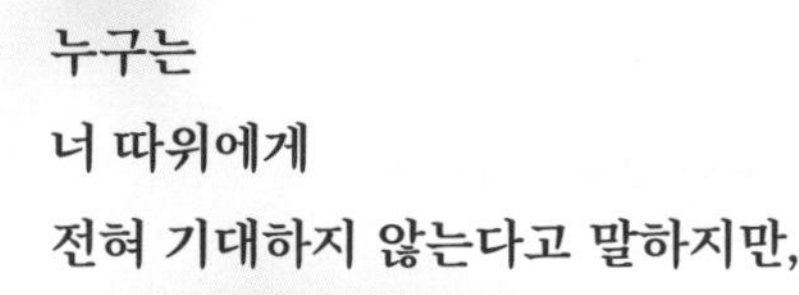

누구는
너 따위에게
전혀 기대하지 않는다고 말하지만,

오늘도
나의 봄을 준비 중입니다.

내가 가진 색깔을 모두 모아
단단한 봉오리를 뚫고
세상에 나올 겁니다.

내가 봄입니다.
내가 곧 계절입니다.

학교에 너무나 가고 싶었던 시절이 있었다

내가 삼킨 것은 라면이 아니었다

– 어느 임고생을 위하여

봄바람 살랑
벚꽃 내리는 오후.

꿉꿉한 후드티
무릎 나온 추리닝 바지.

남들이 보면
영락없는 백수인데

단골 편의점 앞
간이 테이블에 앉았어도
공부하는 사람 티 내려고
아직 반의반도 보지 못한 전공서를
김 나는 컵라면 뚜껑 위에 올려놓는다.

벚꽃 사진 찍는 여학생들
내 정체가 궁금한 듯 힐끗 넘겨 보는데

내년 벚꽃 다시 필 즈음이면
너희를 교실에서 만날 거라 상상하면서
내 인생처럼 굴곡진
꼬불꼬불 라면을
오늘도 염치없이
후루룩 쩝쩝 허기진 배에 담는다.

올해는
미역국 먹지 않으리라
다짐하며 오기와 함께
목 안으로 삼킨다.

설마, 잊어버린 것은 아니죠? 당신도 한때 그 시절이 있었습니다. 그리고 지금은 누군가가 그 힘든 시기를 견디며 당신의 뒤를 따르고 있습니다. 당신의 과거이기도 한 '임고생', 그들의 애환을 시로 담아 보았습니다.

'임고생', 그 외롭고 서글픈 단어.

'교육공무원 임용후보자 선정경쟁시험'을 줄여서 임용 고사[5]라 하고 이를 준비하는 학생들을 '임고생'이라고 합니다. 국립국어원의 『우리말샘』에서도 '임고생'을 '임용 고사 준비생을 줄여서 부르는 말'이라 풀이하고 있습니다. 이제 '임고생'은 그리 특별한 단어가 아닙니다. 시험 준비 기간만큼이나 명칭이 긴 '교육공무원 임용후보자 선정경쟁시험'의 준비생을 의미하는 보통명사가 되었습니다. 최단 시간 내에 합격하고자 하는 염원을 담아 '임고생'이라는 3음절의 줄임말이 되었습니다.

가끔 옛 기억이 떠올라 임용 고사 준비생을 위한 인터넷 카페에 들어가기도 합니다. 그때와 다름없이 여러 해 낙방하고, 시험 준비와 취업 사이에서 갈등하는 '임고생'들의 글이 많습니다. 결국 선택은 각자의 몫인 것을 알면서도 답답한 마음에 이런저런 글을 올렸겠죠. 졸업 후 합격까지 3년 정도는 기본으로 걸릴 것이라는 현직 선배 교사들의 조언을 위로 삼아 모질게 마음먹고 공부를 시작합니다. 그러다가 졸업과 동시에 합격했다는 후배들을 보면 부러움과 시기, 질투가 저 밑바닥에서부터 꿈틀대는 것이 느껴집니다.

'이렇게 떨어질 거라면 초등학교 때부터 공부라는 것을 도대체 왜 했을까?' 하는 후회가 듭니다. 초등학교 입학해서 대학교 졸업할 때까지 약 16년의 시간 동안 열심히 공부한 사람이나 공부를 전혀 하지 않은 사람이나 그 결과가 같아서 억울한 생각도 듭니다. 자신에 대한 신세 한탄도 해 보지만, 세상이 뭔가 공정하지 않다는 생각도 듭니다.

각종 취업 준비생이 북적이는 서울 노량진 거리. 그곳은 오늘도 설렘과 초조함, 치열함과 결연한 의지, 불안과 두려움, 좌절과 환희가 거리의 불빛과 뒤섞여 지나는 사람을 비춥니다. 당신도 가끔 그때의 추억을 떠올리며 그 길을 걷곤 하는지요.

끝이 보이지 않는 길, 확신이 없는 길.
그래서 '임고생'의 길은 더 힘들고 외롭습니다.

시험일이 점점 다가오면서 초조해집니다. 공부가 잘되는 듯하더니 불안감이 찾아오면서 집중력이 금세 흐려집니다. 임용 고사 준비 학원에서 치른 모의고사 점수가 잘 나오는 날에는 당장이라도 합격할 것처럼 우쭐해집니다. 반대로 점수가 기대만큼 나오지 않은 날은 재작년, 작년에 떨어졌던 악몽이 떠올라 또 한 번 좌절합니다. 생활비가 떨어져 간다고 부모님께 전화나 문자를 드리는 것도 너무나 죄송스럽습니다. 어찌 '임고생'만의 슬픈 현실이겠습니까. 대한민국에서 취업을 준비하는 모든 이들이 겪는 슬픈 현실이지요.

하고 싶은 것을 하지 못하는 것은 참으로 견디기 힘든 일입니다. 그것도 그 이유가 자신의 능력 부족이 원인이라는 생각이 들면 좌절감은 더욱 커집니다. 결과에 대한 분노의 대상이 외부 환경이 아니라, 남들에게 뒤처진 자신이기 때문입니다. 자신을 사랑하는 것이 아니라 미워하게 됩니다.
누구는 즐기면서 공부하라고 말하지만, 다 배부른 소리입니다. 1점, 아니, 소수점으로 붙고 떨어짐이 결정됩니다. 그 1점, 소수점이 앞으로의 삶을 바꿉니다.

합격과 불합격을 나누는 1점, 심지어 소수점의 점수 간격은 지구와 달만큼, 이 세상과 저 세상, 아니 천국과 지옥의 간격만큼 큽니다.

하지만 또 생각해 보면 누구나 한 번쯤 다 걸어갔던 길이기도 합니다. 지금은 남들이 힘들이지 않고 걸어갔던 이 길을 당신은 힘들게 걸어가고 있습니다. 하지만 이 길이 끝난 미래의 또 다른 어느 길에서는 남들이 힘겹게 걸어가고, 당신은 힘들이지 않고 걷게 될 날도 반드시 옵니다. 콧노래도 흥얼거리면서 말이죠.

지금 당신이 해야 할 일은 힘이 들더라도 그냥 계속 걷는 겁니다. 딴생각을 하면 안 됩니다. 뒤돌아보아서도 안 됩니다. 가다가 다른 방향으로 가는 것은 괜찮지만, 절대로 걸음을 멈추거나 지금까지 걸어왔던 길을 후회해서는 안 됩니다. 당신이 멈추지 않고 걸으면 저절로 길이 됩니다.

이제 겨우 도입부를 지나고 있는 당신 이야기의 결말이 기대됩니다.
당신의 합격 소식과 함께 멋진 인생 역전 이야기를 기다리고 있겠습니다.

당신의 부모님, 당신의 친구들이 오늘도 당신을 응원하고 있습니다. 지금은 누군지 알 수 없겠지만 미래에 당신의 배우자가 되실 분, 또는 미래에 당신의 아이로 태어날 소중한 생명이 우주의 어느 시공간에서 머물러 있다가 신이 정해 주신 시간이 되면 당신과 함께할 겁니다. 무엇보다도 당신의 멋진 수업을 기대하는 미래의 제자들이 교실에서 당신을 기다리고 있습니다. 모두가 당신을 자랑스럽게 맞이해 줄 겁니다.

시험을 준비하는 임용 고사 준비생, 또 다른 시험을 준비하는 모든 분들을 응원하며 패러디 시 한 편을 하나 더 써 보았습니다. 윤동주 시인의 「쉽게 쓰여진 시」를 패러디 한 「가볍게 쓰여진 시」입니다.

가볍게 쓰여진 시

- 봄날 노량진 편의점 앞에서

거리엔 벚꽃이 흩날리고
고시원은 남의 나라.

고시생이란 슬픈 천명(天命)인 줄 알면서도
한 줄 시를 적어 볼까.

땀내와 사랑내 서럽게 풍긴
보내주신 생활비 계좌로 받아

기출문제 노-트를 끼고
일타 강사의 강의 들으러 간다.

생각해 보면 같은 과 동기와 선후배들
하나, 둘, 죄다 붙어 버리고

나는 무얼 바라
나는 다만, 홀로 장수(長修)하는 것일까?

고시 합격은 어렵다는데
밥이 이렇게 쉽게 넘어가는 것은
부끄러운 일이다.

고시원은 남의 나라
거리에 벚꽃이 흩날리는데,

조명을 밝혀 잡념을 조금 내몰고,
운명처럼 올 합격 명단을 기다리는 미래의 나,

현재의 나는 미래의 나에게 작은 손을 내밀어
눈물과 위안으로 잡는 감격의 악수.

이제는 미래의 당신에게 말을 걸어 보겠습니다. 시 속의 모습이 과거의 당신 모습일지도 모르겠습니다. 그 힘들고 어려운 시기를 당신은 잘 견뎌냈습니다. 시험을 준비했던 당신의 과거를 한번 떠올려 보기 바랍니다. 그리고 현재 당신의 모습과 비교해 보기 바랍니다.

과거와 비교할 때 지금 당신의 모습이 좀 더 나아 보이는지요. 과거로 다시 돌아가고 싶은 만큼 지금의 시간이 그렇게 나쁘지는 않은지요. 그럼 잘 살고 있는 겁니다. 임용 고사 보기 전날, 합격자 발표 전날의 긴장과 떨림을 떠올려 보기 바랍니다. 그리고 합격만 한다면, 교사만 된다면 세상일 뭐든지 견디며 해낼 수 있을 것 같았던 그때의 기억을 떠올려 보기 바랍니다.

과거의 당신은 '학교 가기가 두려운 당신'이 아니라, '학교에 가지 못할까 봐 두려운 당신'이었습니다.

그때를 떠올리며 꿈 하나를 이룬 후, 이제는 또 다른 꿈을 이루기 위해 앞으로 나아가는 당신을 상상해 보기 바랍니다. 다른 사람과의 비교는 자신의 행복을 망치는 일이지만, 과거의 자신과 비교하는 것은 자신의 성장에 큰 도움이 됩니다. 당신의 비교 대상은 오로지 어제의 당신뿐입니다.

당신보다 큰 걸음으로 앞서 나가는 다른 사람을 부러워하지 마세요. 당신만의 속도로 꾸준히 나아가면 됩니다. 그 속도에 맞춰 지금까지 걸어온 자신의 길을 사랑하세요. 그 힘든 과정을 이겨 온 당신을 자랑스러워하세요. 그리고, 지금까지 견뎌 온 당신을 대견하다고 칭찬해 주세요. 스스로를 자랑스럽다고, 대견하다고 칭찬할 수 있어야 당신에 대한 다른 사람의 칭찬이 어색하지 않습니다.

학교 가기가 두려운 당신!

그래서 '선생님이 되면 마냥 좋을 줄 알았습니다만', 그렇지 않다는 당신의 행복을 되찾기 위한 첫 번째 처방전을 알려 드립니다.

'나 자신을 칭찬하기'.

자부심을 가져도 됩니다. 대한민국 교사, 당신은 이미 충분히 칭찬받을 만한 사람입니다.

행복을 위한 처방전 1

나 자신을 칭찬하기

: 거울을 보며 환하게 웃는 표정으로 자신을 칭찬합니다.
(미래의 모습을 상상하며 칭찬해도 좋습니다.)

- 나는 ○○님의 자랑스러운 '아들/딸'이다. 이런 나를 칭찬해.
- (미래의) 나는 ○○의 멋진 '남편/아내'이다. 이런 나를 칭찬해.
- (미래의) 나는 ○○의 든든한 '아빠/엄마'다. 이런 나를 칭찬해.
- (미래의) 나는 ○○학교의 멋진 제자를 둔 '대한민국 교사'다. 이런 나를 칭찬해.
- 나는 나 자체로 이미 멋진 사람이다. 이런 나를 칭찬해.

달팽이는 높이 뛸 수 없지만 벽을 넘는다

2일

학교 가는 달팽이

월요일 아침,

무거운 가방 하나 메고서
집을 나서는 것도 쉽지 않은데,

내 눈앞에서
꼬물거리는
검은 점 하나.

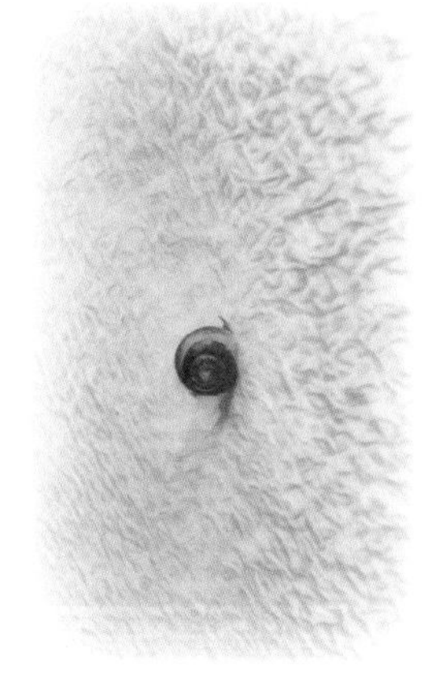

집 한 채 이고서
학교 벽을 타고 넘는
작은 연체동물 하나가 있다.

진흙 속에 빠진 것처럼
무거웠던 내 발걸음이

별안간
무안해진다.

월요일 아침에 일어나 학교를 가야 했던 시절을 떠올려 봅니다. 어찌 일어나는 것이 힘들었던 것이 월요일뿐이었겠습니까. 학교 가는 발걸음은 늘 힘겨웠습니다. 특히나 월요일 등굣길은 어디로 끌려가는 것처럼 느껴집니다. 당신도 그랬는지요.

내딛는 발걸음이 지구 밑으로, 아득한 땅끝으로 빨려 들어가는 것 같습니다.

그때는 토요일에도 등교를 했습니다. 토요일 오전에 수업을 마치고 집으로 향하는 오후 하굣길은 하늘을 날 것 같았는데 말이죠. 그렇게 즐거운 토요일을 보내고 나서 일요일 오후를 넘기면 서서히 초조해지기 시작합니다. 저녁을 먹고 나서 텔레비전의 개그 프로그램이 끝나면 주말의 행복은 거기서 끝입니다. 이리저리 뒤척이다 겨우 잠이 들었나 싶었는데, 기어이 눈뜨기 힘든 아침이 옵니다. 월요일이 그렇게 시작됩니다. 다시 만나자 하고 약속한 적 없었던 월요일 아침이 돌아왔습니다. 몸부림치며 거부했지만 능청스럽게도 당신 앞에 다시 찾아왔습니다.

교문 앞에서 명찰, 두발, 복장을 단속하는 선생님들 앞에서 고개 숙이며 지나가던 모습. 그 당시의 학생부 선생님들은 학교 가기가 두려운 월요일을 만들어 주시는 데 큰 기여를 하신 분들이었습니다. 학생부는 학생이 주축이 되는 부서도 아니고 학생을 위한 부서도 아닌데 왜 '선생님부'가 아니라 '학생부'라 부르는지 이해가 되지 않던 시절이었습니다. 선생님들의 신나고 즐거운 월요일을 위해 내가 희생된다고 생각했습니다. 그때는 얼른 졸업만 하자 생각했었죠. 그러면 좋은, 행복한 세상이 올 줄 알았습니다.

그런데 이렇게 선생님이 되어서도 학교 가는 발걸음이 무겁습니다. 교문을 들어오는 학생들이 보입니다. 표정들은 그 시절의 나처럼 어둡습니다. 이제는 입장이 바뀌어 어두운 표정의 학생들이 나의 두려운 월요일을 만들어 주는 일등 공신이 되었습니다.

그런데 생각해 보니 내가 학생이어서, 내가 선생이어서 월요일이 두려운 것이 아니었습니다. 월요일의 무거움을 견딜 수 없는 연약한 나 스스로가 두려움의 원인이었음을 이제야 깨닫습니다.

그러니 월요일의 무거움, 월요일의 압박감을 견딜 수 있는 강인한 나를 만들어야 합니다. 학생 탓도 선생 탓도 아닙니다. 상대방의 탓이 아닙니다. 내가 하는 일 자체가 문제가 있는 것도 아닙니다. 무거운 월요일이 된 것은 그 무거움을 스스로의 힘으로 견뎌 낼 수 없을 만큼 연약한 나의 탓입니다.

그 어떤 무게도 견딜 수 없이 가볍고 연약한 존재 — 밀란 쿤데라의 소설 제목처럼 '참을 수 없는 존재의 가벼움'을 지닌 내가 되어 버린 겁니다.

교육전문가이신 조벽 교수님은 어려움을 헤쳐 나가기 위해서는 '강한 나'보다는 '강인한 나'를 만들어야 한다고 합니다. '강**인**하다'에서 '인(靭)'은 '질기다'는 뜻을 가진 한자어입니다. 강한 바람이 불고 있는데 맞서 싸우면 부러집니다. 비록 흔들리더라도 유연하게 바람을 견뎌 내는 강인함이 있어야 합니다. 그리고 다시 일어서는 회복탄력성을 지녀야 합니다.[6]

막힌 것이 있으면 다른 길을 찾아 돌아가거나 그것을 타고 넘어가는 유연함, 바람이 불면 뽑히지 않기 위해 휘어질 줄 아는 유연함, 강해야 할 때는 강하고 부드러워야 할 때는 부드러움을 지니는 유연함, 그렇게 시시때때로 변하는 외부의 환경과 상황에 따라 유연하게 대응할 수 있는 능력. 그것이 바로 강인함입니다.

벽을 타고 오르는 달팽이는 강하지는 않지만 강인합니다.
바람이 불면 흔들리는 풀은 강하지는 않지만 강인합니다.
당신과 나, 우리 모두 강인해야 합니다.

달팽이가 넘어가는 월요일의 벽. 속도가 중요하지는 않습니다. 비록 느리기는 해도 넘고자 하는 마음이 중요합니다. 멈추지 않고 가다 보면 벽을 넘게 됩니다. 이 세상에서 저 세상으로 옮겨가기 위해서는 그 둘 사이를 가로막고 있는 벽을 반드시 넘어가야 합니다.

달팽이처럼 강인하게 살아갑시다. 당신 앞을 가로막고 서 있는 벽을 타고 넘어가야 합니다. 넘을 수 있는 벽의 높이만큼 당신은 성장할 수 있습니다. 이 벽을 넘어서야만 더 높은 벽도 넘을 수 있습니다.

토끼는 높이 뛸 수 있지만, 벽을 넘을 수 없습니다.
달팽이는 높이 뛸 수 없지만, 벽을 넘을 수 있습니다.
속도보다 중요한 것은 넘어가려는 의지입니다.
수평과 수직을 가리지 않고 꾸준히 기어가는 것이 달팽이가 벽을 넘을 수 있는 비결입니다.

"신은 새의 먹이를 매일 마련해 두신다. 하지만 절대로 둥지에 넣어 주지 않는다."라는 격언이 있습니다. 당신이 얻고자 하는 것은 당신에게 저절로 오는 것이 아닙니다. 지금 앉아 있는 자리에서 일어나 당신이 원하는 곳으로 나아가야 얻을 수 있습니다. 그리고 멈추지 않고 계속 앞으로 나아가야 합니다.

월요일, 의미 있고 보람된 한 주를 시작해 봅시다. 평지를 걸어가듯 벽을 오르는 달팽이처럼 묵묵하게, 그리고 강인하게 살아갑시다. 패닉이 노래한 〈달팽이〉처럼 '언젠가 먼 훗날에 저 넓고 거칠은 세상 끝 바다'로 갈 수 있습니다.

행복을 위한 처방전 2

하루에 한 번씩 플랭크 하기

1) 팔꿈치와 손을 바닥에 대고 엎드린 자세로 발끝을 세워 몸을 바닥에서 들어 올립니다.
2) 10~30초 동안 이 자세를 유지합니다.
3) 플랭크 자세를 유지하며 '나는 강인하다. 이따위 어려움은 견딜 수 있다!'라고 외칩니다.

지금부터 '열심히' 살지 않겠습니다

3일

햄스터의 가르침

동그란 쳇바퀴
열심히 뛰는
책상 위에 햄스터.

돌고
또 돌아
결국
제자리.

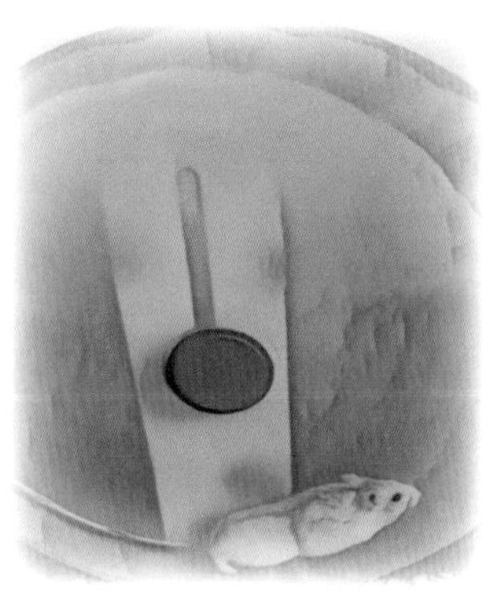

단, 한 걸음만
옆으로 비껴가면
돌던 자리에서 벗어날 수 있다는 것을
온몸으로 가르쳐 주려고

오늘도 날 대신해
열심히 뛴다.

모처럼 누리는 평일 '칼퇴근'. 평소 하지 않던 사치지만 힘든 하루를 잘 견뎌 낸 스스로에 대한 보상으로 퇴근길에 잠시 카페에 들릅니다. 통창 유리로 거리가 훤히 보이는 2층 카페 창가에 앉아 딸기 라테 한 잔을 마시며 나를 살린 녀석 — 딸기 라테에 살짝 미소를 보냅니다. 시원하고 달콤한 라테 한 모금, 빨대를 힘겹게 통과해 내 입으로 쏙 들어온 딸기 덩어리를 씹으니 이제야 가을이 보입니다.

16,777,216개의 색상을 표현할 수 있다고 하는 RGB 색상표. 그중에서도 주황, 다홍, 진홍, 적황스러운 색상들이 그러데이션으로 얼룩진 가을 하늘을 예닐곱의 키 다른 건물들이 머리에 이고 있습니다. 조금 눈이 부시긴 합니다. 아마 내 얼굴도 저 빛깔로 물들어 있었겠죠. 주위에 사람이 없어 나와 같은 얼굴빛인지 확인할 길이 없어 조금 안타까웠지만요.

늘 나를 재촉했던 시간은 가을 오후 카페에서의 여유를 잠시 허락해 줍니다. 카페는 곧 저녁 식사를 마친 사람들로 북적일 겁니다. 지금 카페 안은 폭풍 전야와 같은 고요함이 동행합니다. 저 문만 열고 나가면 치열한 세상은 다시 시작됩니다.

지금, 여기서, 이 시간, 이 공간을 오롯이 즐깁니다. 그리고, 바쁘게 거리를 걷는 사람들을 보다가 엉뚱한 상상을 해 봅니다. 만화 속 인물처럼 사람들 머리 위에 말풍선을 그려 봅니다.

– 드디어 퇴근이다. 오늘은 집에 가서 뭐 하지?
– 지금 이 속도로 걸으면 녹색 신호가 켜지면서 바로 건널 수 있어.
– 저 사람, 옷 스타일 괜찮은데? 어디서 샀지? 이따 검색해 봐야지.
– 오늘 저녁에 또 뭘 먹지? 냉장고를 털까? 아니면 귀찮은데 배달 시킬까?
– 곧 집 계약이 끝나는데 어디로 이사 가냐.
– 힘들다. 사표 쓸까, 아니야 마이너스 통장을 생각해 봐.

사람들의 표정에 따라 혼자 상상해 보는 그들의 말풍선들. 순간, 제 머리 위에 떠 있는 말풍선은 뭘까 생각해 봅니다. 그리고 이번에는 누군가가 제 머리 위에 떠 있는 말풍선을 그리는 상상을 해 봅니다.

– 오늘 하루 열심히 살았어. 어제도 열심히 살았고. 그런데 이렇게 매일 열심히 살고 있는데 변한 것은 없네.

뭔가 모아 둔 것도, 이룬 것도 없는데 참으로 '열심히'만 살아왔습니다. 어쩌면 내가 살아왔던 '열심히'는 그렇게 '열심히'는 아니었나 봅니다. 수능 등급으로 따지면 전체 9등급의 중간에 해당하는 평범한 5등급 정도의 '열심히'였나 봅니다. 아니, 그 이하일지도 모릅니다.

'열심(熱心)'은 '어떤 일에 온 정성을 다하여 골똘하게 힘씀. 또는 그런 마음'이라는 의미를 지니는 단어입니다. 어떤 일을 이루기 위해 온 힘을 쏟는 것이 바로 '열심히' 하는 겁니다.

'위 학생은 매사에 근면 성실한 학생으로~'로 시작하는 학교생활기록부 행동발달 특기사항의 담임 의견은 한 해 동안 열심히 생활했던 학생에게 진심을 담아 써 주는 표현입니다. 그래서 조회, 종례 시간은 물론이고 수업 시간에 딴짓하거나 조는 학생들에게 꼰대처럼 들려주는 말이 '최선을 다해 열심히 하면 다 된다.'는 말이었습니다. 그런데 요즘 와서 문득 이런 생각이 듭니다. '모든 일을 열심히만 하면 다 잘된다는 말이 맞는 말일까?' 라고.

당신도 이미 그렇게 생각하는지 모르겠습니다. 원하는 것을 이루기 위해서는 '열심히'만 하면 다 이룰 수 있는 것은 아닙니다. 어쩌면 '열심히' 하지 않았는데도 '열심히' 한다고 착각하는지도 모르겠습니다. 하지만 다양한 경험을 하면서, 또 나이를 먹어 가면서 잘못 알고 있던 것들도 있음을 깨닫습니다.

그중 하나가 '열심히만 하면 원하는 것을 다 이룰 수 있다.'입니다. 원하는 것을 다 이루기 위해서는 '열심히' 하는 것과 동시에 스스로가 통제할 수 없는 외부 요인들과 다른 변수들이 함께 도와주어야 합니다.

성실함의 기준이었던 '노력'이, 열심히만 계속해도 안 되는 '노오력'으로 냉소가 되는 세상입니다.

열심히만 하면 원하는 것을 이룰 수 있다고 믿으며 살아가고 있을 학생들이 졸업 후에 그렇지 않다는 걸 알고 따지러 올까 봐 두렵습니다. 그때 그들이 찾아오면 어떤 이야기를, 어떻게 해 줘야 할까 고민에 빠집니다.

그러다 그 고민 해결의 단서를 책에서 찾았습니다. 강남에서 의사로서 병원을 운영하는 이하영 선생님은『나는 나의 스무 살을 가장 존중한다』라는 책에서 '열심히'보다는 '충실히' 살 것을 제안했습니다.[7] '열심히' 보다는 '충실히' 살아야 한다는 의견에 나 역시 동의합니다. 여기에 내 생각을 덧붙여 보겠습니다.

'충실(充實)'은 '내용이 알차고 단단하다.'라는 의미를 지니는 형용사입니다. '나는 충실하다.'는 '나는 알차고 단단하다.' 또는 '나는 단단하게 꽉 채워져 있다.'라는 의미가 됩니다. 즉, '나'를 중심에 둡니다.

이에 반해 '나는 열심-하다.[8]'라는 말은 조금 어색합니다. '나는 열심-하다.'에서는 대상인 목적어가 없어서 '열심-하다'가 어색한 동사가 될 뿐만 아니라, '나는 열심이다.'라고 표현하더라도 '무엇'에 열심인지 그 '대상'을 반드시 필요로 합니다. 예를 들어 '나는 공부에 충실하다.'라는 문장이 성립될 수 있는 것처럼 '나는 공부에 열심이다.'라는 문장도 성립됩니다. 하지만, 여기서 두 단어의 차이점을 발견할 수 있습니다. 즉 '나는 공부에 충실하다.'는 행위의 주체인 '나'를 중심에 두지만, '나는 공부에 열심이다.'는 대상인 '공부'를 중심에 둡니다.

'열심히' 그림을 그리면, 작품이 완성됩니다.

'충실히' 그림을 그리면, 화가의 삶이 완성됩니다.

'나'가 아닌 다른 무엇을 위해 '열심히'만 할 때 '나'는 소외됩니다. '나'를 그 무엇, 즉 어떤 대상에 희생해야 하기 때문입니다. 삶의 목적은 그 누구도, 그 어떤 대상이나 행위도 아닌 '나'가 되어야 합니다. '나'가 삶의 목적이 되어 자신에게 허락된 시간을 '충실히' 살 때 비로소 온전한 내가 될 수 있습니다. 그래서 '작품의 완성'이 목적이 아니라, '화가로서의 삶의 완성'이 목적이 되어야 합니다.

그렇게 나다운 삶을 사는 것이 바로 충실한 삶을 사는 것입니다. 나 자신을 이뤄 내는 것, 내 삶을 완성해 나가는 것, 그 자체가 삶의 목적입니다. 무언가를 이루기 위해 열심히 하는 것이 아니라, 자신의 삶을 완성하기 위해 충실히 살아 내는 것. 바로 그것이 나다운 삶을 알차고 단단하게 완성해 가는 겁니다.

지금부터 '열심히' 살지 않겠습니다.
나다운 삶을 위해서 '충실히' 살아가겠습니다.
그것이 삶의 유일한 목적입니다.

충실한 삶을 다짐하니 카페에서 충실하게 시간을 보내고 있는 스스로에게 자부심을 느낍니다. 그러고 보니까 카페에서 혼자서 시간을 보내는 분들이 몇 분 보입니다. 책을 읽거나 공부를 하거나 자신만의 충실한 시간을 보내는 중일 겁니다. 혼족이라 조금 눈치가 보입니다. 사장님을 위해서 손님이 많아지면 그때 자리를 정리해서 나가려고 합니다.

당신도 나처럼 카페에서 혼자 보내는 시간을 즐겼으면 합니다. 충실하게 오늘을 산 당신에게 행복을 만들어 주는 시간이 됩니다. 당신도 편하게 쉴 수 있는 자신만의 '최애(最愛) 카페' 하나 정해 두세요. 학교를 벗어나

아는 사람 전혀 없는 공간에서 혼자만의 시간을 여유롭게 보내는 것. 충실하게 살아가는 당신을 위한 선물이 됩니다.

창밖을 지나는 사람들의 발걸음은 어딘가로 향하고 있습니다. 사람들 머리 위의 말풍선에 행복을 주는 단어, 희망이 가득한 단어로만 가득 채워지기를 바랍니다. 하늘을 화려하게 물들어 놓았던 가을 오후의 노을도 충실한 그림으로 채색되어 밤하늘로 익어 갑니다. 이제 집으로 돌아가야 할 시간입니다. 집으로 돌아가는 당신의 오늘 하루도 충실한 시간이 되었기를 바랍니다.

행복을 위한 처방전 3

마음이 편안해지는 '최애(最愛) 카페'를 정해서 평일에 들르기

- 창밖을 볼 수 있는 자리에 앉습니다.
- 메뉴를 고르기 어렵다면 카페의 시그니처 음료나 사장님 추천 메뉴를 마십니다.
- 이어폰으로 자신이 좋아하는 음악을 듣습니다.

당신의 완성을 위한 삼성전자(3성前自)

***너의 계절이 오기까지는**

아우야,
너무 슬퍼하지 말아라.

지는 꽃은
다시 피어오를 계절을
짓이겨진 온몸으로 기억해 낸다.

추락의 색깔로 뭉개져
천 길 땅끝으로 사라진다고 해도
바람의 색깔로 부서져
만 길 하늘을 떠돌게 된다고 해도

삼백예순 날 지나면
또 하나의 꿈으로 되돌아와

한 뼘 자란 네 앞에서
화려한 세계를 펼쳐 놓을 게다.
농익은 시간의 향기로 퍼져나갈 게다.

***김영랑의 「모란이 피기까지는」을 연상하며 지은 시입니다.**

살아가면서 깨닫는 삶의 이치가 누구에게나 있습니다. 평소에는 무심코 흘려 넘겼던 위인들의 명언들, 책 속의 문장들이 어떤 날 갑자기 가슴에 '쿵' 하며 와닿는 날도 있습니다.

– 시작이 있는 곳에 끝이 있다.
– 실패가 있는 곳에 성공이 있다.
– 좌절이 있는 곳에 희망이 있다.
– 초라함이 있는 곳에 화려함이 있다.
– 하나를 잃으면 다른 하나를 얻게 된다.
– 다른 하나를 얻으려면 내가 가진 다른 하나를 내놓아야 한다.
– 영원히 변하지 않는 진리는 세상 모든 것은 결국 변한다는 것이다.

내 삶에 깨우침을 주는 삶의 이치들입니다. 정반대의 것들은 항상 공존합니다. 같은 선 위의 양극단에 놓여 있습니다. 그리고 우리는 양극단의 그 어디쯤에 놓여 있습니다. 국어 시간에 배워서 다들 아실 테지만 표현법으로는 역설입니다. 한자어로는 '창과 방패', 모순(矛盾)이라고도 합니다.

이에 관련된 이야기는 다음과 같습니다.

전국시대(戰國時代) 초나라에 창과 방패를 파는 장사꾼이 있었습니다. 그는 시장에서 먼저 방패를 들고 큰 소리로 외쳤습니다.

"이 방패는 아주 견고하여 그 어떤 창이라도 막아 낼 수 있습니다."

다음에는 창을 들어 올리며 외쳤습니다.

"이 창은 날카로워 그 어떤 방패라도 단번에 뚫어 버립니다."

그러자 구경하던 한 사람이 물었습니다.

"이 날카로운 창으로 그 견고한 방패를 찌르면 어떻게 되는 거요?" 하고 물으니 장사꾼은 아무 말도 못 하고 있다가 자리를 떠났습니다.

서로 성립하기 힘든 상황이 바로 모순이며, 역설입니다. 시작과 끝, 실패와 성공, 좌절과 희망, 초라함과 화려함, 잃는 것과 얻는 것. 일상에서 이 단어들은 같은 뜻으로 사용할 수 없는 서로 모순된 단어들입니다. 하지만 이렇게도 생각해 보았습니다.

- '높다:낮다, 깊다:얕다'처럼 서로 대립되는 단어들은 서로 어느 간격만큼 떨어져 있을까.
- 양쪽 끝에 존재하는 '중간' 지점은 이들 사이에서 좌우로만 움직이는 개념일까.
- 하지만 정반대의 것들이 순서를 번갈아 가며 반복된다는 것은 결국 같은 선 위에서 맴돌고 있다는 것은 아닐까.
- 그렇다면 좌우로 움직이는 선이 아니라, 같은 자리를 맴도는 원의 움직임은 아닐까.

– 늘 같은 자리에서 원을 그리며 맴돌고 있는 동일한 개념을 내 시선과 같은 높이에 두고서 좌우로 움직이는 선의 운동이라 말하는 착시 현상이 아닐까.

– 태양 주위를 공전하는 지구를 관찰자의 시선과 수평에 맞추고 우주에서 바라보는 것과 같은 원리는 아닐까.

– 그렇다면 선의 양 끝단에 놓인 서로 대립되는 단어들은 정반대의 개념이 아니라, 원을 그리며 같은 궤도를 돌고 있는 동일한 개념은 아닐까.

– 그래서 정반대의 단어는 결국 하나가 아닐까.

– 돌고 돌아 제자리로, 그리고 원을 계속 그려 나가고 있는 것은 아닐까.

– 2차원적인 공간에서 상하좌우로 움직이고 있는 것이 아니라, 최소한 3차원의 공간에서 입체적인 원을 그리며 무한 회전하고 있는 것은 아닐까.

– 출발점과 도착점이 양 끝에 별개로 존재하는 것이 아니라, 어디가 시작이고 어디가 끝인지 규정할 수 없는 원의 형태로 존재하는 것은 아닐까.

– 결국, 대립되는 단어라고 믿고 있었던 단어들은 같은 의미를 지니는 것이 아닐까.

이것이 노자가 말한 도(道)가 아닐까.

니체가 말한 영원회귀의 원리가 아닐까.

물론 내가 깨달았다고 한 것은 노자의 '도', 니체의 '영원회귀' 개념과는 다릅니다. 이와 같은 비유 방법으로 설명할 수 있는 개념이 아닙니다. 위대한 두 철학자가 만든 개념을 내가 가진 인식틀로는 완벽하게 이해할 수는 없습니다.

단지, 기존과는 다른 관점에서 사색하고 나름의 방식으로 재해석하면서 새로운 깨달음을 얻게 되는 순간이 있습니다. 그 경험들이 혼자 사색하고 성찰하는 시간의 중요성을 일깨워 줍니다. 그리고 성찰의 결과물을 비유로 표현해 보는 것, 철학자들처럼 맛깔나는 나만의 개념어로 만들어 표현해 보는 것. 그것 역시 성찰의 재미를 줍니다.

그 성찰의 결과로 앞 자만 따서 만들어 본 개념어 하나를 소개합니다. 일명 '삼성전자'.

여기서 삼성전자는 우리나라를 대표하는 글로벌 기업을 의미하는 것이 아닙니다. 3성은 '**성**찰, **성**장, **성**숙'을 의미합니다. 각각의 단어에 대해 설명해 보겠습니다.

성찰

새 학년, 새 학기가 되면 학생들의 각오는 새롭습니다. 공부하려는 의지가 최고조에 다다릅니다. 나는 첫 수업이 되면 학생들에게 "후회하지 말고 반성하라."라고 이야기하고 글을 쓰게 합니다. 먼저 지난해에 후회되는 것을 쓰라고 하고, 그다음에는 올해 해야 할 것들을 쓰게 합니다. 지금과 다른 삶을 살기 위해서는 당연히 지금까지 살아온 삶과 다르게 생각하고 행동해야 합니다. 그것이 변화를 위한 첫걸음입니다. 후회만 해서는 안 됩니다. 후회의 시간을 가치가 있는 것으로 만들어 내기 위해서는 그 시간 속에서 깨달음이 있어야 합니다.

후회가 자신의 잘못을 인정하는 단계라고 한다면, 성찰은 후회하는 것들을 돌이켜 생각하면서 깨달음을 얻어 내는 과정입니다. 무엇이 잘못되었는지를 알고, 원하는 방향으로 나아가기 위해서 앞으로 무엇을 해야 할지 탐색하는 과정이 성찰입니다. 후회가 자신의 잘못을 탓하는 부정적인 감정이라면, 성찰은 더 나은 자신을 만들어 가기 위한 발전적이고 긍정적인 감정입니다.

하지만 후회만 하다 멈춰 버리면 그건 불만을 표현한 것과 다를 바 없습니다. 불만은 아무나 표현할 수 있습니다. 말 못 하는 어린아이도 불만을 표현할 수 있습니다. 불만의 단계에서 다음 단계로 나아가야 합니다. 그러기 위해서는 성찰해야 합니다. 후회를 통해 성장의 단계로 넘어갈 수 있을 때 성찰이 됩니다.

성장

성찰을 하면 성장할 수 있습니다. 성장을 위해서는 다른 것들의 힘이 필요합니다. 혼자서 성장할 수 있는 것은 없습니다. 꽃을 피우기 위해서 햇빛과 물, 적당한 온도, 기름진 토양이 필요합니다. 사람도 성장하기 위해서 영양분이 필요합니다. 잘 먹어야 합니다. 그래야 움직일 수 있는 에너지를 얻을 수 있습니다.

또한 정신적인 성장도 외부의 도움이 필요합니다. 이때는 다른 사람의 조언이 필요합니다. 자신을 잘 아는 가까운 사람의 진심 어린 조언이 필요합니다. 자신이 현재 겪고 있는 어려움을 과거에 이미 극복해 낸 경험이 있는 분의 조언, 또는 전문가의 조언을 자신의 성장 동력으로 삼아야 합니다. 주위에 이런 분들이 없다면 책을 통해서 도움을 받을 수 있습니다. 요즘은 간단하게 검색어만 입력하면 유튜브에서 관련 영상을 쉽게 찾을 수도 있습니다. 이렇게 외부에 있는 좋은 것들을 가려서 자기 안으로 받아들임으로써 성장을 위한 동력으로 삼아야 합니다.

성장을 할 때는 성장통을 반드시 겪습니다. 거센 바람과 추운 계절을 견뎌야 다가오는 봄에 꽃을 피울 수 있듯이 자라나는 과정에서 살이 터지는 아픔과 고통을 이겨 내야만 합니다. 그 변화를 통해 성장할 수 있습니다. 고통과 변화하는 과정이 없으면 성장은 있을 수 없습니다. 성장을 위해서는 고통을 통한 변화의 과정이 전제되어야 합니다. 그 과정을 견뎌야 과거보다 성장할 수 있습니다. 당신이 현재 고통을 겪고 있다면 그것은 성장하고 있다는 증거가 됩니다. 그 고통을 참고 극복해야만 다음 단계로 나아갈 수 있습니다.

성숙

성장이 외형이 커가는 과정이라면, 성숙은 내면이 익어 가는 과정입니다. 성장이 지식을 키워 나가는 단계라면, 성숙은 지혜를 키워 나가는 과정입니다. 과일이 점점 커지면 성장하는 것이지만, 당도가 점점 높아지면 익어 가는 겁니다. 과일은 익어 가면서 성숙해집니다. 사람은 나이가 들면서 성숙해집니다. 결국 성숙하기 위해서 성찰하고 또한 성장해야 합니다. 성숙해 가는 과정에서 삶이 완성됩니다. 한계에 부딪히고 아픔을 견디면서 과거의 어린 내가 미래의 완성된 모습으로 나아가게 됩니다.

성숙으로 나아가는 데에는 시간이 필요합니다. 당장 성숙해질 수 있는 것이 아닙니다. 씨앗 하나에서 나무로 자라고, 그 나무에서 열매를 맺기까지는 오랜 시간이 필요하듯이 성찰과 성장의 시간이 계속 쌓이면서 성숙해집니다.

당신이 하는 일은 현재 성찰이나 성장, 또는 성숙의 어느 단계에 있을 겁니다. 다양한 일들을 하고 있다면 어느 것은 성찰의 단계에, 또 어느 것은 성장의 단계에, 또 어느 것은 성숙의 단계에 있을 겁니다.

수업을 더 잘하고 싶어 그 방법을 찾으려고 한다면 성찰의 단계에 있는 겁니다. 작년에는 많이 힘들었지만 올해는 업무를 좀 더 수월하게 했다면 성장의 단계에 있는 겁니다. 학생을 만나면서 단호하게 말해야 할 때와 부드럽게 말해야 할 때를 상황에 따라 구별할 수 있다면 성숙의 단계에 있는 겁니다. 그렇게 성찰과 성장과 성숙의 과정을 거쳐 진정한 당신을 완성해 나가는 겁니다.

당신의 완성을 위한 '성찰, 성장, 그리고 성숙'.

이것이 바로 앞의 음절만 따서 세 개의 '성'. 바로 '3(삼)성'입니다.

이 3성에 '전자'를 덧붙입니다. 여기서 '전'과 '자'는 한자로 '앞 전(前)'과 '스스로 자(自)'입니다. '전자'는 '자기 자신이 되기 전'으로 해석할 수 있습니다. 그렇게 '3성'에 '전자'를 붙여서 '3성전자'. 이를 결합해서 풀이하면 '완성된 내가 되기 전에 필요한 것은 성찰, 성장, 성숙이다.'라는 의미가 됩니다.

완성된 당신을 만들기 전에 반드시 필요한 3가지 — '성찰, 성장, 성숙'.

'삼성전자(3성前自)'의 과정이 있어야 비로소 완성된 당신이 될 수 있습니다.

꼭 기억하기 바랍니다. 지금 당신은 성찰, 성장, 성숙 중 어느 단계에 있습니다. 이는 완성의 길로 가기 위해 반드시 거쳐야 하는 과정입니다. 자신의 삶에서 문제점을 찾고, 그것을 해결해 나가는 과정에서 고통의 시간을 맞이하게 됩니다. 그리고 그 시간들이 쌓여가며 비로소 당신의 삶이 완성의 길에 이르게 됩니다.

오늘도 완성의 과정 중에 어느 지점을 지나고 있을 당신의 행복을 위해 '행복 포인트'를 소개합니다. 학생들에게 상점을 주듯이 당신이 잘한 행동을 할 때, 스스로에게 포인트를 줍니다. 거울 보고 웃을 때마다 포인트 1점, 학생의 장점을 발견해 칭찬했을 때 포인트 1점, 일을 미루지 않고 바로 시작했을 때 포인트 1점, 좋은 습관 지킬 때마다 포인트 1점, 나쁜 습관 하지 않을 때마다 포인트 1점, 다른 사람에게 친절을 베풀 때 포인트 1점, 화가 났을 때 그것을 참으면 포인트 1점. 하기 어려운 것을 잘 해냈다고 생각하면 2점, 3점도 줄 수 있습니다.

이렇게 포인트를 적립해서 일주일, 한 달 단위로 점수를 더해서 자신이 목표로 하는 점수에 이르면 스스로에게 멋진 선물을 주기 바랍니다. 맛있는 것을 사 먹어도 좋고, 평소 사고 싶었던 물건을 구입해도 좋습니다. 꿀잠이나 휴식 시간을 더 주어도 좋습니다. 포인트 적립을 통해 성찰과 성장, 그리고 성숙의 길로 나아가고 있는 당신에게 꼭 보상해 주기 바랍니다.

나뭇잎이 단풍으로 물들어 갑니다.
하루가 노을빛으로 물들어 갑니다.
그렇게 오늘도 당신의 삶은 성숙함으로 물들어 갑니다.

오늘도 너무나 눈부신 당신을 응원합니다.

행복을 위한 처방전 4

'행복 포인트' 적립하고, 보상해 주기

- 자신이 계획한 대로 잘 실천할 때마다 '행복 포인트'를 줍니다.
- 일 단위, 주 단위, 월 단위로 포인트 합계 점수를 기록합니다.
- 포인트 누적 점수에 따라 미리 정해 둔 보상을 해 줍니다.
- 목표로 한 포인트 점수에 이를 수 있도록 행동하는 것에 초점을 둡니다.

걱정을 없애는 세 가지 방법

5일

너를 애타게 부르다

나 혼자 있으면
외로울까 봐
슬쩍 내 옆으로 다가오는
너.

하루를 마치고 잠을 잘 때도
덮은 이불을 파고들며
짠하고 나타나 내 옆에 나란히 눕는
너.

네가 나를 찾은 것인지
내가 너를 찾은 것인지
네가 나를 그리워한 건지
내가 너를 그리워한 건지

우리 함께 지내온 시간이 꽤 긴데도
오래도록 이어진 우리의 만남을
아무도 부러워하지 않는다.

언제부터였을까.
기억도 나지 않는 우리의 첫 만남.

그 소중하고도 긴 인연에
이제 헤어지기도 쉽지 않은데

오늘도 애타게 불러보는 네 이름은
바로

걱정.

결코 함께하고 싶지 않지만, 늘 그림자처럼 붙어 다니는 것이 있습니다. 바로 걱정! 수업이 생각처럼 진행되지 않는다는 걱정, 현장체험학습 준비와 행사 진행 및 인솔에 대한 걱정, 문제 학생 지도에 대한 걱정, 학생 성적에 대한 걱정, 민원을 넣으시는 학부모에 대한 걱정, 수행평가 채점에 대한 걱정, 시험 문제 출제에 대한 걱정, 학교생활기록부 정리에 대한 걱정, 자신이 맡은 업무에 대한 걱정, 공개 수업에 대한 걱정, 교원능력개발평가에 대한 걱정, 다음 근무지에 대한 걱정 등등.

어디 학교에서의 걱정뿐이겠습니까. 대한민국 성인으로 살아가기 위한 개인적인 걱정들은 해도 해도 끝이 보이지 않습니다. 자녀 교육 걱정, 이사 걱정, 부모님 건강 걱정, 대출 걱정 등등. 걱정을 오래 할수록 일이 잘 해결된다면 당연히 계속 걱정해야죠. 하지만 걱정은 오래 한다고 해서 해결 능력이 딱히 늘지도 않습니다.

오래 걱정한다고 해결되기는커녕 오히려 손톱만 한 크기에서 시작한 걱정이 높은 벽으로 둘러싸고 그 안에 당신을 가둡니다.

'걱정도 팔자'라는 말이 있습니다. 어느 정도 일리 있는 말이라고 합니다. 타고난 유전자와 기질에 따라 어떤 사람은 스트레스를 잘 받고, 또 어떤 사람은 스트레스를 잘 받지 않는다고 합니다. 걱정을 많이 하는 것도 태어날 때부터 이미 타고난 것이기에 당신만의 탓이 아닙니다. 그러니 걱정이 많다고 너무 자책하지 마세요. 걱정이 많다는 것을 다른 관점에서 보면 새로운 문제 상황에 남들보다 민첩하게 반응하는 능력이 있다는 것이고, 또한 주의력도 높은 거라 할 수 있습니다.

당신은 이미 걱정을 많이 하게끔 유전적으로 설계되어 있으니, 걱정을 많이 한다는 것 자체에 대해서 또다시 걱정할 필요가 없습니다. 단지 걱정이 많다는 것을 인정하고, 걱정을 좀 더 효율적으로 해 보는 겁니다.

무엇보다도 걱정을 바라보는 관점을 바꿔야 합니다.

걱정이라는 단어의 의미를 바꿔야 합니다.

걱정이 생기면 골칫거리가 생긴 것이 아니라, 문제 상황이 발생했다고 인식해야 합니다. 그리고 자신이 해결할 수 있는 일인지, 다른 사람의 힘을 빌려야 하는 것인지, 사람의 힘만으로 해결할 수 있는 것인지를 먼저 구별해야 합니다.

만약 자신의 힘으로 해결할 수 있는 것이라면, 가장 먼저 해야 할 일은 그냥 행동하는 겁니다.

심호흡 한 번 하고, 행동하며 부딪치면서 전략을 수정해 나갑니다. 최고의 전략과 완벽한 작전을 짜기 위해 머릿속으로 고민할 필요가 전혀 없습니다. 그냥 행동으로 옮기면 '시작이 반'이라는 말을 실감할 겁니다.

잘해야겠다는 생각을 버리고 일단 시작해 보는 겁니다. 처음부터 잘할 수는 없습니다. 그건 걱정이 있는 것이 아니라, 욕심이 있는 겁니다. 일단 일을 시작해 보면서 처음 생각했던 것들을 조금씩 수정하고 보완해 나가는 겁니다. 그러다 보면 요령이 생기고, 요령이 생기면 쉽게 하고, 쉽게 하면 하는 일에 몰입하게 되고, 하는 일에 몰입하게 되면 어느새 걱정은 사라집니다.

이렇게 해도 걱정이 해결되지 않는다면, 두 번째 방법을 시도합니다.

걱정할 시간을 미리 정해 놓는 겁니다. 걱정을 오래 한다고 더 좋은 방법이 나오거나 당신에게 정신적, 육체적으로 좋은 것은 하나도 없기에 최대한 짧게 끝내겠다는 각오로 시간을 미리 정해 놓고 걱정하는 겁니다. 우선, 스마트폰에서 타이머를 1분 설정해 놓고 맘껏 걱정하세요. 그리고 알람이 울리면 1분 동안 다시 타이머를 설정해서 이번에는 당신이 알고 있는 사람이 당신과 같은 걱정을 하고 있다면 어떻게 해결할까를 상상해 보세요. 그리고 그 사람의 인품과 언행, 평소의 이미지를 떠올려 보며 자신의 현재 상황을 그 사람에게 대입해 보면서 방법을 찾는 겁니다.

이왕이면 당신이 존경하는 분, 롤 모델로 삼는 분, 평소 마음이 느긋한 분, 항상 여유를 지닌 분의 모습을 상상해 보세요. '이 사람은 이와 같은 상황에서 걱정을 전혀 안 할 것 같다.'고 생각하면 가장 이상적입니다. 행여 '이 사람은 이와 같은 상황에서 이렇게 해결할 것 같다.'라고 생각했다면 그와 같이 실행해 보는 겁니다. 그러면서 걱정을 받아들이는 사람의 마음 그릇을 키워 걱정의 크기를 줄여 보세요. 단, 2분이면 충분합니다.

그래도 걱정이 해결되지 않았다면, 이제 세 번째 방법을 써야 합니다.

이제는 당신의 걱정이 아니라 다른 사람이 하고 있을 걱정을 떠올려 보는 겁니다. 지난번에 대화 나눌 때 그들이 했던 말들을 떠올리며, '그 사람은 지금 어떤 걱정을 하고 있을까.' 하고 상상해 보는 겁니다.

동료 교사가 하는 걱정, 그리고 학생들이 하는 걱정, 가족들이 하는 걱정, 거기다 교장 선생님, 교육감, 교육부 장관, 국회의원, 대통령이 할 만한 걱정도 해 보는 겁니다. 그러고 나서 그들의 걱정에 대해 당신이 해 줄 수 있는 말들을 떠올려 보세요. 그리고 그들이 당신에게 고민 상담을 해

올 때, 당신이 그들에게 해 줄 수 있는 말들을 정리해 보세요. 해결책을 제시하지 못했다면 위로와 응원의 말만이라도 떠올려 보세요.

"○○아~ 잘 살고 있어. 잘하고 있어. 잘될 거야. 뜻대로 안 된다고 해서 큰일이 생기지 않아. 진짜야. 일단은 살아 있으니까. 반 이상은 저절로 해결된 거야. 나도 그렇거든."

이제 당신은 걱정하는 사람이 아니라, 다른 사람의 걱정을 해결해 주는 사람이 되었습니다. 당신만의 방법으로 그들의 걱정거리를 없애 주고, 그들의 마음을 치유해 주는 사람이 되었습니다. 그리고 당신이 하고 있던 걱정과 비교했더니, 상대방의 걱정이 당신보다 훨씬 더 크고 많을 것 같다고 생각했다면 당신의 걱정은 곧 사라질 겁니다.

설마 그렇게는 안 될 것 같다고 걱정하는 건 아니죠? 또 다른 걱정 하나를 더 만들면 안 됩니다. 걱정을 줄이려면 일단 시도해 보기 바랍니다.

단, '난 안 돼.'가 아니라, '그래도 이 정도는 했네.'라는 태도와 자세.
'오늘은 일단 여기까지.'라는 태도와 자세.
걱정을 한 번에 해결하려고 하지 말고, 단계를 나눠서 순차적으로 처리하기.
그래서 걱정의 무게를 조금씩 덜어 내기.

걱정을 한꺼번에 해결할 생각은 버리세요. 이는 달리기를 처음 시작하는 사람이 마라톤 완주를 목표로 하면서도 뛰기도 전에 반도 못 갈까 봐 걱정하다가 미리 포기하는 것과 다를 바가 없습니다.

마라톤 완주를 위해 제일 먼저 시작해야 할 일은 운동화부터 신는 겁니다. 운동화를 신고 백 미터라도 뛰어 봐야 뛸 수 있는 거리를 늘려 가기 위한 여러 방법을 생각할 수 있습니다. 그러면 뛰기 전에 했던 걱정들이 어느새 더 잘 달리기 위한 전략으로 자연스럽게 바뀝니다. 생기지도 않을 일에 대해 걱정했던 시간이 긍정적인 미래를 만들어 가는 시간으로 바뀝니다.

당신을 성장시킨 시간은 '일에 대해 걱정했던 시간'이 아니라, '문제를 해결하기 위해 노력했던 시간'입니다.

'막연한 걱정'을 '해결할 수 있는 문제'로 관점을 전환하는 당신의 능력을 보여 주세요. 당신이라면 할 수 있습니다. 당신 자신을 믿기 바랍니다. 뭐든지 해낼 수 있는 당신입니다.

행복을 위한 처방전 5

'걱정 퇴치법' 익히기

첫 번째, 일단 뭐든 그냥 행동합니다.
두 번째, '다른 사람이 나와 같은 걱정을 한다.'고 상상해 보고, 그대로 따라 합니다.
세 번째, '다른 사람이 하고 있을 걱정'을 상상해 보고, 그 사람에게 위로해 줄 말을 떠올립니다. 그리고 그 위로의 말을 자신에게 해 줍니다.

'명예퇴직'보다는 '명예이직'을 위하여

어느 교사의 가면(假面)

오늘도 웃는 척했다.
여유가 있는 척했다.
잘 해내고 있는 척했다.

통제가 안 되는 녀석
상식을 벗어나는 녀석

모두가 꺼리길래
일 년만 맡으면 된다길래
내가 한번 해보마 호기롭게 덤볐는데

이제야 알게 된
나의 한계.

비로소 알게 된

작년 담임이 겪었을 고통의 시간들.

결국
나도 한 인간일 뿐.

당연히 찾아올 고통이
단지 남들보다 늦게 날 찾아온 것일 뿐.

괜찮냐는 앞반 담임의 위로가
너 참 안쓰럽다로 들릴 때,
짝사랑하던 여학생 앞에서 가난을 들켜 버린 사춘기 시절의 나처럼
여린 가슴을 후벼 판 상처로 남는다.

대단하시다는 뒷반 담임의 위로가
너 참 미련하다로 들릴 때,
전쟁터에서 총상 입고 홀로 남겨진 무명 병사처럼
쓰러진 제 몸으로 깊은 무덤을 판다.

오늘도,
센 척했다.
웃는 척했다.
여유가 있는 척했다.
죽었지만 살아있는 척했다.

최대한 빨리 명예퇴직을 하고 싶다는 당신. 내 주위에서도 당신처럼 퇴직을 하고 싶다는 분이 있었습니다. 아직 정년이 10년 남은 여선생님이었습니다. 학교에서 맡은 업무에도 능숙하시고, 담임 반 학생들에게 정성을 다하는 모습에 늘 존경하고 있는 분이었습니다. 그런데 현장체험학습을 마치고 학교로 돌아오는 버스 안에서 명예퇴직을 하고 싶다는 의외의 말씀에 깜짝 놀랐습니다. 버스가 출발할 때 깔깔거리며 웃고 떠들던 학생들은 그 선생님의 마음을 아는지 모르는지 모두 지쳐서 깊은 잠에 빠져 있었습니다.

'교직이 천직(天職)'이라는 말은 저런 분을 두고 하는 말이라며, 주위 사람들에게 칭찬을 받는 분이었습니다. 승진이나 전문직에 전혀 뜻을 두지 않으면서도, 학교 일에 진심을 다한 분이었습니다. 또한 각종 연구회나 외부 연수에도 적극적으로 참여하면서, 틈나는 대로 자기 계발에 힘써 오던 분이었습니다. 당연히 정년까지 할 거라 생각했습니다. '나이를 먹어서인지 학교 일이 갈수록 힘에 부치고 감각도 떨어져서 학생들을 상대하는 것이 예전 같지 않다.'는 그분의 말씀이 남 일처럼 느껴지지 않았습니다.

집안일을 끝낸 후, 혼자서 아무 생각 없이 쉬는 것이 하루의 유일한 낙이라고 합니다.
혹시 당신도 그런지요?

주말에 어디 나가는 것도 귀찮고, 하루라도 빨리 자신만의 시간을 갖고 싶다고 합니다. 학교에서는 교사로, 집에서는 엄마이자 주부로서 맡은 일에 책임을 다해야 한다는 의무감이 자신만을 위한 행복보다 늘 우선순위에 있었습니다. 어느 순간부터 주변 사람을 위한 자신의 희생이 일상이 되어 버렸습니다.

진실된 마음에서 우러나온 희생이 아니라, 의무가 되어 버린 희생입니다.

처음에는 맡은 일에 그냥 최선을 다했을 뿐이었는데, 어찌하다 보니 바라지 않던 희생을 하고 있었다고 합니다. 이런 상황은 계속 반복되었고 언젠가부터는 희생을 하고 있다는 것을 다른 사람에게 보여 주기 위해 자신의 몸과 마음을 갈아 넣게 되었다는 겁니다. 마침내 번아웃(Burnout)이 왔습니다.

"그렇게 보이지 않으려고 노력만 할 뿐이지 이제는 솔직히 지쳤어요."라던 말은 너무 의외였습니다. 선생님의 평소 모습에서는 전혀 상상할 수 없는 말이었기 때문이었습니다.

달리는 차창에 선생님의 씁쓸한 표정이 비칠 때, 내 마음도 천근만근의 무게로 깊은 바닥에 가라앉는 느낌이었습니다.

다른 사람으로 인해 지칠 때도 있습니다. 평소 훌륭한 담임 교사로 인정받았던 교사라 하더라도 어쩌다 문제 학생 한두 명을 담임으로 맡는 해에는 수명이 10년은 더 단축되는 듯한 느낌일 겁니다. 담임 하면서 아직까지 큰 문제를 겪은 적이 없었다고 말하는 선생님들은 어쩌면 운 좋게도 문제

학생을 만난 경험이 없기 때문일 겁니다. 학생도 학생이지만 간혹 매스컴에 나올 법한 '막장 학부모님'을 만나면 그 고충을 어찌 다 말로 설명할 수 있겠습니까?

교사도 직장인이고 생활인입니다. 당연히 돈벌이를 위한 직업인으로서의 삶도 살아가고 있는 것이죠. 그 누구도 예외가 될 수 없습니다. 여러 돌발적인 문제들과 스스로 통제할 수 없는 외부적인 요인들로 인해 어느 날 문득 명예퇴직을 고려하는 순간이 올 수도 있습니다.

'명예(名譽)'라는 단어의 뜻은 '세상에서 훌륭하다고 인정되는 이름이나 자랑. 또는 그런 존엄이나 품위. 어떤 사람의 공로나 권위를 높이 기리어 특별히 수여하는 칭호.'입니다. 하지만 '명예퇴직(名譽退職)'이란 단어 뜻은 '정년이나 징계에 의하지 아니하고, 근로자가 스스로 신청하여 직장을 그만둠. 또는 그런 일.'입니다. 명예퇴직에서의 '명예'라는 의미는 본래의 뜻과는 거리가 있습니다. 무난하게 교직에 있다가 자기 스스로 물러나면 명예퇴직이 되는 겁니다. 명예퇴직이 우리가 알고 있는 '명예로운 퇴직'이 더이상 아닙니다. '명예퇴직'이라고 하기보다는 오히려 '희망퇴직(希望退職)', '자진퇴직(自進退職)', 또는 '무사퇴직(無事退職)'이라고 해야 할 듯합니다.

하지만 어떻게 불리든, 그 의미가 무엇이든 직장에서 물러나는 퇴직에는 변함이 없습니다. 단, 퇴직 이후의 행복한 삶을 꿈꾼다면 당신은 '명예'라는 말보다는 '퇴직'이라는 단어에 주목해야 합니다. 당신의 결정이 '퇴직(退職)'이기보다는 직장을 옮기거나 직업을 바꾸는 '이직(移職)'이어야 합니다.

퇴직 후의 행복한 삶을 위해 '명예퇴직'보다는 '명예이직'이어야 합니다.
'명예퇴직'이 아니라 '희망이직, 자진이직, 무사이직'이어야 합니다.

교직보다 더 하고 싶은 일, 자신이 더 잘할 수 있는 일, 취미와 관심이 높았던 분야가 평소에 있었다면 그것을 새로운 업(業)으로 삼아야 합니다. 경제적인 문제도 해결할 수 있다면 더할 나위 없이 좋겠지만, 그것이 아니라고 하더라도 진정 자신이 하고 싶은 일을 찾아서 이직해야 합니다.

쉬고 싶을 때가 반드시 옵니다. 그만두고 싶을 때도 반드시 옵니다. 하지만 쉬고 싶다는 것과 그만두고 싶다는 것은 동일한 의미를 지니지 않습니다. 쉬고 싶다는 것은 충전하고 싶다는 것입니다. 자신이 하고 싶은 일을 계속하기 위해 잠시 호흡을 고른다는 말입니다. 반면에 그만둔다는 것은 해 왔던 일을 더 이상 하지 않겠다는 겁니다. 지금 하던 일을 멈추고 새로운 일을 시작하겠다는 겁니다.

그래서 당신은 퇴직이 아니라, 이직을 선택해야 합니다.
앞으로 계속될 또 다른 당신의 삶을 위해서.

잘 아는 선배 교사 한 분은 등산 관련 일을 오랫동안 함께해 오다가 그쪽 분야 일을 전문적으로 하기 위해 명예퇴직을 했습니다. 교직에 있을 때 겨울 방학 때마다 청소년 및 교사 대상으로 '히말라야 오지 학교 탐험대'를 꾸려서 네팔로 떠났습니다. 그리고 외진 마을에 있는 학교를 방문해 현지 학생들을 위한 교육 봉사 활동을 20년가량 해 왔습니다.

그러다가 그와 관련된 일에 집중하기 위해 명예퇴직을, 아니, 이직을 했습니다. 등산, 자전거, 수상스포츠 등 레포츠 관련 교육 프로그램을 선도적으로 운영하며 제2의 삶을 멋지게 살아가고 있습니다. 학교 내 생활과 학교 밖 생활을 함께하다가 학교 밖 생활에 더 뜻을 두고 하던 일을 바꾼 겁니다. 퇴직이 아니라 멋진 이직을 한 겁니다.

물론 모든 선생님들이 이직을 위해서만 퇴직을 해야 하는 것도 아니며, 모두가 학교에 있을 때보다 더 화려한 이직을 할 수도 없습니다. 퇴직에 대한 당신의 생각은 절대 즉흥적이지 않을 겁니다. 오랜 시간을 두고 고민을 해 왔을 겁니다.

퇴직과 그 이후 삶에 대한 고민은 각자의 몫입니다. 오래전부터 명예퇴직을 준비해 온 당신이라면 당신의 숨은 재주, 평소에는 드러내 보인 적 없었던 재능으로 교직에 있을 때보다도 더 많은 능력을 보여 줄 수 있을 거라 믿습니다. 무엇을 선택하든 당신의 선택을 존중하며 좋은 결과가 있기를 진심으로 기원합니다.

하지만, 교직 생활이 힘들어서 명예퇴직을 하겠다는 당신이라면 좀 더 생각해 보기 바랍니다. 당신은 자신만 모르는 사실이 있습니다. 당신은 학생들에게 좋은 가르침을 주는 선생님입니다. 당신이 가진 능력을 지금 그냥 다 놓기에는 너무 아쉬움이 큽니다. 당신이라는 존재 그 자체가 당신 주변에 있는 모든 사람들에게 의미와 가치가 있습니다. 특히 당신을 필요로 하는 학생이 분명히 있습니다.

학교에서 지내 온 나날들, 다른 사람들이 다 헤아릴 수는 없습니다. 여러 날을 고민했겠지요. 많이 힘들었을 겁니다. 혼자서 고민하느라 정말 외로웠을 겁니다. 하지만 이직이 아닌 명예퇴직을 고민하고 있다면 퇴직을 결정하기 전에 이거 한번 시도해 보기 바랍니다.

어떤 학생이라도 좋으니 학생과 상담하면서 그 학생의 이야기를 온전히 들어 주고 고생했다 응원해 주면서 사탕 하나 건네 보세요. 그러면 당신의 몸과 마음에 신비한 변화가 생길 겁니다.

학생 한 명이 퇴직에 대한 당신의 생각을 바꿀 수도 있을 겁니다.

당신이 학교에 더 오래 있어야 하는 이유를 찾아 줄 수 있습니다.

당신이 학생에게 위로와 위안을 건네면, 그 학생이 반대로 당신에게 위로와 위안을 줄 겁니다.

정확히 이야기하면 그 학생에게 준 위안을 통해 당신 스스로가 오히려 위안을 받을 겁니다. 이직이 아니라 퇴직을 고민하고 있다면 꼭 한번 시도해 보기 바랍니다. 한 번에 안 되면 두 번 시도해 보기 바랍니다. 아니면 딱 세 번까지만 해 보세요. 그래도 안 되면 그때 다시 생각해 보자고요.

사탕 하나 준비하세요. 딱히 할 말이 없으면 힘내라 응원하면서 사탕만 건네줘도 됩니다. 이제, 당신은 학생만 부르면 됩니다. 오늘 퇴근 전에 꼭 한번 해 보세요.

행복을 위한 처방전 6

위로와 위안을 받고 싶을 때는 학생들에게 먼저 사탕 건네기

- 책상 서랍에 항상 사탕을 준비합니다.
- 수업 시간에 열심히 공부한 학생, 졸았던 학생, 선생님 심부름을 한 학생, 화해하고 싶은 학생 등 뭔가 이야깃거리가 있을 만한 학생들에게 사탕을 줍니다.
- 사탕과 함께 칭찬 및 격려의 말을 건네며, 학생에게 따뜻한 추억 하나 선물해 줍니다.

학교 가기가 두려운 당신에게 당장 필요한 것은

두려움 없이 학교 가는 법

1.
일단 두려움을 버린다.
학교에 간다.

2.
일단 학교에 간다.
두려움을 버린다.

3.
두려움이나 학교
둘 중에 하나를 없앤다.
학교는 없앨 수가 없다.
따라서 두려움을 없앤다.
학교에 간다.

4.

'학교 가기가 두렵다.'라고 외친다.

그리고 '학교 가기가 두렵다.'라고 외치는 것을 지칠 때까지 반복해서 외친다.

'학교 가기가 두렵다.'라고 외치는 것이 지칠 때, '학교 가기가 두렵다.'라는 마음도 지친 것이다.

'학교 가기가 두렵다.'라는 마음이 지칠 때, 바로 그때

학교에 간다.

5.

걸어서 학교 가는 것이 불편했던 사람은

자전거를 타고 학교에 가고,

자전거를 타고 학교 가는 것이 불편했던 사람은

버스를 타고 학교에 가고,

버스를 타고 학교 가는 것이 불편했던 사람은

자신의 차를 타고 학교에 간다.

자신의 차를 타고 학교 가는 것이 불편했던 사람은

걸어서도 가보고, 자전거도 이용해 보고, 버스도 이용해 보면서 학교에 간다.

그중에서 가장 편안하고 즐거움을 주는 것 중 하나를 선택한다.

학교에 간다.

6.

두려움이 있을 때 학교에 가지 않는다.
그리고 그것이 두렵지 않은 것인지 생각한다.
두렵지 않으면 다음 날도 학교에 가지 않는다.
그래도 그것이 두렵지 않은 것인지 또 생각한다.
두렵지 않으면 그다음 날, 그다음 날도 학교에 가지 않는다.

그런데
며칠 뒤,
또는 한 달 뒤,
혹시라도
그러기가 쉽지 않겠지만
이번에는 학교 안 가는 것에 대한 두려움이 생길 때,
학교에 간다.

이제 당신은 학교 안 가는 것이 두려운 당신이 된 것이다.
다시 말해 학교 가는 것이 두렵지 않은 당신이 된 것이다.

기대했던 것과 달랐다면 죄송합니다. 실망했고 무례한 내용이었다면 죄송합니다. '두려움 없이 학교 가는 법'을 알려 주는 시가 아니라, 죄송하게도 당신에게 하는 말장난입니다. '두려움 없이 학교 가는 법'을 이처럼 시도했다고 해서 두려움 없이 학교에 갈 수 있는 것은 아닙니다. 왜냐하면 두려움은 완전히 사라지는 것이 아니기 때문입니다. 두려움이란 무엇일까요? 두려움의 원인은 무엇일까요?

두려움을 해결하려면 그 원인을 알아야 합니다. 두려움은 생명체가 자신의 생존을 위해 느끼는 기본적인 보호 장치입니다. 생존에 위협을 느끼면 우리 몸은 아드레날린과 코르티솔 같은 호르몬을 분비하여 대상과 맞서 싸우거나 그로부터 도망치기 위한 신호를 보낸다고 합니다. 두려움이 생긴다는 것은 생존을 위해 본능적으로 자기방어 태세를 갖추는 겁니다. 따라서, 두려움을 느낀다는 것은 살고 싶다는 증거입니다. 보호와 안전에 대한 욕망입니다. 죽음을 두려워한다는 것도 살고 싶다는 욕망이며, 삶을 두려워한다는 것도 살고 싶다는 욕망입니다. 두려움은 생존하고자 하는 생명체가 지니는 필연적인 감정입니다.

결국, 당신이 살아 있는 한 두려움을 없앨 수는 없습니다.
두려움을 갖는다는 것은 살아 있다는 증거이기 때문입니다.

교육 상담 박사이자 심리학자인 웨인 다이어는 『우리는 모두 죽는다는 것을 기억하라』에서 "인류에 존재하는 현자들은 두려움을 두려워하지 않고, 두려움을 평범한 것으로 만들어 버린 사람들이다."라고 했습니다.[9]

그렇다면 질문부터 바꿔야 합니다. "두려움을 없애려면 어떻게 해야 할까요?"라고 물어서는 안 됩니다.

"두려움이 있다는 것을 두려워하지 않기 위해서는 어떻게 해야 할까요?", "두려움의 크기를 줄이기 위해서는 어떻게 해야 할까요?"라고 질문해야 합니다.

먼저 두려움이 생기는 원인을 알아야 합니다. 늦은 밤 처음 가 보는 길, 가로등도 없는 길을 홀로 걸을 때 사람들은 두려움을 느낍니다. 이때 자신이 과거에 겪었던 여러 가지 직간접적인 경험들이 두려운 이미지를 만들어 냅니다. 과거에 어두운 골목길을 걷고 있을 때, 갑자기 나타난 고양이 때문에 깜짝 놀랐던 일이 떠오르거나, 최근에 본 영화에서 주인공이 골목길을 혼자 걷다가 타인으로부터 공격을 당했던 장면이 떠오른다면 두려움은 더할 겁니다. '누군가가 나를 지켜보고 있는 것은 아닐까. 그러다 갑자기 나타나 공격하지는 않을까.'라는 생각과 동시에 두려움이 생겨납니다.

하지만 누군가가 자신을 지켜보더라도 신경 쓰지 않은 사람이거나, 갑자기 누군가가 나타나 자신을 공격하더라도 무술 유단자라 몸싸움에 자신이 있는 사람이라면 같은 상황에서도 두려움이 생기지 않습니다. 이렇듯 대상에 대한 정보가 많지 않을 때와 결과에 대한 예측이 불가능해서 그 결과를 자신의 능력으로 제대로 대처하기 힘들 때 두려움이 생깁니다.

자신보다 백 분의 일 크기도 안 되는 작은 벌레를 두려워하는 사람들이 있습니다. 논리적으로 보면 벌레가 그 사람을 두려워해야 합니다. 그 사람이 벌레보다 백 배 이상 크기 때문입니다.

물론 벌레가 당신의 생명을 해할 정도의 독을 가지고 있을지 모릅니다. 만약 그 정보를 모르고 있다면 당신이 위험에 처할 수도 있습니다. 하지만 당신의 생명에 위협을 가할 정도의 맹독성이 있는 벌레가 아니라는 사실을 알고 있다면, 당신은 벌레를 두려워할 이유 하나가 사라진 겁니다. 독이 없는 작은 벌레가 당신 위로 올라오면 기껏해야 '당신 머리 위에 묻은 것'이거나 '당신 발 위에 올라탄 것'이라 표현해야 옳습니다.

이번에는 그 반대의 상황을 생각해 볼까요? 당신이 벌레 위로 올라가는 상황. 이때는 '벌레 위에 올라간 것'이 아니라, '벌레를 밟은 것'이라고 표현해야 맞습니다. 당신이 발 하나를 들어 벌레 몸통 위에 내딛는 순간, 벌레는 바로 생명을 잃습니다. '벌레가 당신 위로 올라서는 것'과 '당신이 벌레 위로 올라서는 것'은 차원이 다른 문제입니다.

당신은 벌레를 실수로 죽일 수 있지만, 벌레는 실수로 당신을 죽일 수 없습니다.

심지어 온 힘을 다해도 당신을 죽일 수 없습니다. 여기서 두려움을 두려워하지 않을 힌트 하나를 얻게 됩니다. 당신이 느끼는 두려움의 크기보다 더 큰 사람이 되면 됩니다. 당신이 두려움의 대상보다 더 우월한 힘이나 능력을 가지고 있다면 '두려움에 대한 두려움'을 줄일 수 있을 겁니다. 결국 당신의 힘과 능력을 키워야 두려움을 줄일 수 있습니다.

두려움의 대상보다 더 우월한 위치에 놓일 수 있도록 당신의 힘과 능력을 키워야 합니다.

두려워하는 대상의 힘과 능력을 알고 이를 대비하여 그 대상보다 더 우월한 힘과 능력을 가지면 더 이상 두렵지 않게 됩니다. 행여 당신의 노력만으로는 그 대상보다 더 우월한 힘과 능력을 가지는 것이 불가능하다고 판단했다면, 자신을 보호하고 위험을 대처할 수 있는 이성적인 방법을 알고 있으면 됩니다.

두려운 대상이 당신을 위협하면 그 자리를 피한다거나 도망가면 됩니다. 그것은 두려운 대상에 대한 굴복이 아니라, 살기 위해 현명하게 대처한 것이 됩니다. 도망간다고 하더라도 대상에 대해 잘 모르면 대상의 행위나 영향력에 굴복한 것이 되지만, 대상을 잘 알고 있어서 도망을 간 것이라면 현명하게 대처한 것이 됩니다.

두려움은 미래의 결과가 예측하기 어려울 때 생깁니다.

그 누구도 자신의 미래를 알 수 없습니다. 단지, 예측만 할 뿐입니다. 두려움을 이기기 위해 당신에게 필요한 것은 지금 하고 있는 일이 잘못되었을 때, 스스로의 힘으로 견뎌 낼 수 있는 최악의 상황이 무엇인지 가정해 보는 겁니다.

혹시라도 아직 그 정도의 상황이 아니라면 두려워할 이유가 없습니다. 자신이 견딜 수 있는 최악의 상황이 오면 그때 두려워하면 됩니다. 다음

주까지 끝내야 하는 업무에 대한 두려움이 있다면, 그것을 시간 내에 끝내지 못했을 경우 발생하는 최악의 상황이 무엇인지를 가정해 봅니다. 수업에 대한 두려움이 있다면, 수업 중 어떤 상황이 자신이 감당할 수 있는 최악의 상황인지를 상상해 보는 겁니다.

다행히도 현재 상황이 당신이 설정한 최악의 정도가 아니라면 아직 괜찮은 겁니다. 그렇다면 두려워할 이유가 없습니다. 그 정도는 견딜 힘과 능력, 그리고 대응책은 미리 생각해 두었으니까요. 그 상황이 생기지 않게 더 철저하게 대비를 한다면 정말 잘하는 겁니다.

그렇게 해서 자신감이 생긴다면 두려움은 두렵지 않은 것이 되고, 그 크기는 점점 작아질 겁니다. 혹시라도 예상했던 것을 벗어나거나 자신이 견딜 수 있는 한계를 넘어서는 상황이 올 수도 있습니다. 이때는 당연히 다른 사람의 도움을 받아야 합니다. 자신의 힘이나 능력으로 해결할 수 없을 때는 다른 사람의 힘을 빌려야 합니다. 당연히 그래야 합니다.

> 자신의 능력이 부족한 것이 부끄러운 일이 아닙니다. 자신의 부족한 부분을 다른 사람의 도움을 통해 해결하는 것도 현명한 대처 능력 중의 하나입니다.

단지, 다른 사람의 도움을 받는 것마저도 두려운 것은 아직 그런 경험이 없기 때문입니다. 생각도 해 본 적이 없기 때문입니다. 두려움을 극복할 수 있는 해결 방법에 다른 사람의 도움을 받는다는 옵션을 아직 포함시키지 않은 것뿐입니다.

자신의 힘이나 능력으로 해결할 수 없을 때는 교장, 교감 선생님이나 친한 동료 교사, 선배 교사에게 말씀하셔서 도움을 받으세요. 그분들은 이미 오래전부터 언젠가 때가 되면 당신이 도움을 요청해 올 것이라 예상하고 있었을 겁니다.

그분들은 이미 해결책을 가지고 있기 때문입니다.
그분들은 이미 최악의 상황을 예측해 본 적이 있기 때문입니다.
무엇보다도 그분들은 이미 당신과 같은 경험을 해 본 적이 있기 때문입니다.

그것이 교장, 교감 선생님, 선배 교사의 역할입니다. 당신보다 월급을 더 받는 분들입니다. 후배 교사의 고충을 듣고서도 "내 일이 아니니, 나 알 바 아니다."라고 모른 척하는 교사는 결코 대한민국 교사가 아닙니다. 자신이 할 수 있는 범위 내에서 직간접적으로 도움을 줄 겁니다.

이때는 충고가 아니라 도움을 달라고 정확하게 말씀하셔야 합니다. 이런 것을 도와줬으면 좋겠다고 구체적으로 말씀하시기 바랍니다. "교사가 그것도 못 견디면 되겠냐. 무조건 참아야 한다."처럼 당신에게 도움이 되는 말이 아니라고 생각되면 더 듣지 마시고 다른 분을 찾아가기 바랍니다. 도움을 주실 분은 그분 말고도 많습니다. 그들이 직접 나서서 할 수 없는 일이라면 최소한 그것을 해결할 수 있는 다른 사람을 소개해 줄 겁니다.

사안의 성격이나 기타 여러 사정으로 인해 주변에서 도움을 받기가 여의치 않다면 교육청이나 교원단체에 문의해도 좋습니다. 관련 법규에 근거해서 좀 더 체계적으로 대응해 나갈 수 있을 겁니다.

한 분께만 도움을 청하고서 그 효과가 없다는 생각에 "내 편은 없어. 다들 똑같아. 상황이 더욱 안 좋아질 거야."라고 섣부른 판단으로 도움받는 것을 미루어서는 안 됩니다. 시간이 지나면 자연스럽게 아무는 상처도 있지만, 시간이 지날수록 더 곪는 상처도 있습니다. 때를 놓치면 더 큰 것을 잃을 수 있는 상처도 있습니다.

대한민국의 교직 사회는 생각보다 훨씬 더 건강하고 따뜻합니다. 서로에 대한 경계와 경쟁 관계가 다른 사회 조직보다 덜할 뿐만 아니라, 유대관계도 더욱 끈끈합니다. 끈끈한 인간관계와 든든한 교직 사회의 힘과 능력을 한번 믿어 보세요.

두려움을 이기는 또 다른 방법을 하나 더 알려 드리겠습니다. 앞에서 소개한 웨인 다이어의 책에서는 "두려움을 사랑으로 제거할 수 있다."라고 말합니다. 이는 두려움을 이기는 최고의 방법이라 생각합니다. 다양한 삶의 경험을 통해 인간적인 성숙함이 무르익어야 하는 높은 수준의 경지이지만, 만족도가 가장 높은 해결 방법이기도 합니다.

"학교 가기가 두렵다. 수업이 두렵다. 학생이 두렵다. 하는 일이 두렵다."라는 말은 "학교에 대한 사랑이 없다. 수업에 대한 사랑이 없다. 학생에 대한 사랑이 없다. 하는 일에 대한 사랑이 없다."라는 말이기도 합니다. 그러기에 두려움을 이기는 방법은 다음과 같습니다.

학교를 사랑하면 됩니다.

수업을 사랑하면 됩니다.

학생을 사랑하면 됩니다.

하는 일을 사랑하면 됩니다.

평소 당신이 가진 학교, 수업, 학생, 하는 일에 대한 사랑의 크기를 의심하는 것은 아닙니다. 당신의 사랑을 두려움의 대상에게 보여 줄 수 있도록, 두려움의 대상이 알아차릴 수 있도록 한번 시도해 보자는 말입니다.

학교 가기가 두려운 감정에만 집착하지 마세요. 학교를, 수업을, 학생을, 하는 일을 또 당신의 삶을 사랑하면 두려움은 사라집니다. 사랑을 하면 무엇보다도 용기가 생겨납니다.

사랑이 있으면, 당신이 가진 두려움이 두렵지 않게 됩니다.

두려움 대신 용기가 생깁니다.

물론, 인간인 우리는 모든 것을 사랑할 수는 없습니다. 그것은 신의 영역입니다. 말처럼 쉬운 일이 아님을 분명 알고 있습니다. 그리고 이미 당신은 나보다 많은 사랑을 가지고 있는 선생님입니다. "사랑이 있어야 한다."라는 말은 오히려 당신이 내게 해 줄 말입니다.

그렇습니다. 솔직히 고백하면 사랑이 없는 사람은 당신이 아니라 나입니다. 당신이 아니라 내가 두려움이 있습니다. 당신이 학교 가기가 두려운 것이 아니라, 내가 학교 가기가 두려운 겁니다. 사랑이 부족한 것은 당신이 아니라 바로 나입니다. 그래서 당신께 내가 약속합니다.

두려운 대상을 사랑하기 위해 노력하겠습니다.

당신이 내게 보여 준 것처럼 사랑하겠습니다.

학교를 사랑하는, 수업을 사랑하는, 학생을 사랑하는, 하는 일을 사랑하는 당신이 이번에는 나를 응원해 줄 차례입니다. 학교 가는 것을 사랑하는 내가 되도록 노력하겠습니다. 나를 도와주시고 응원해 주실 거죠? 격려해 주어서 감사합니다.

행복을 위한 처방전 7

다른 사람을 위해 배려하고 도움을 줄 수 있는 것들을 찾아서 실천하기

- 교무실 쓰레기통 비우기, 파쇄기통 비우기, 생수통 교체하기, 복사 용지 갖다 놓기 등 다른 사람을 위해서 도움을 줄 수 있는 것을 찾아서 실천합니다.
- 위의 행동을 먼저 하는 사람을 보면 "도와드릴까요?"라고 말을 건네며 함께 돕습니다.

2주 차

칠판 앞에 서면
마냥 신날 줄
알았습니다만

너희가 있어
오늘도 학교가 행복하다.

점심시간 여기저기 떠도는
웃음소리 가득 담아다가

고단했던 하루
퇴근하고 돌아오시는
너희 엄마, 아빠 얼굴에
좌악 뿌려 드렸으면.

두 팔 활짝 벌려
밤별처럼 깊은 눈 바라보며
서로가 서로를 안아주었으면.

내 수업의 열혈팬을 만들자

8일

뫼비우스의 띠

어제 본 드라마의 결말을 예상하는 모습이
국어 수업 시간에도 이어졌으면….

오늘 저녁 식사 값 각자 얼마 내야 하는지 셈하는 모습이
수학 시간에도 이어졌으면….

외화의 명대사를 읊고 팝송을 따라 부르는 노랫소리가
영어 시간에도 이어졌으면….

어느 화장품에 무슨 성분이 있어 좋다는 이야기가
과학 시간에도 이어졌으면….

우리가 아니라 학교 교칙이 잘못된 것 아니냐고 구시렁대는 소리가
사회 시간에도 이어졌으면….

그렇게
너희 살아가고 있는 세상과
교과서에서 배우는 세상이

안과 밖이라는 구별 없이
모두 하나로 이어졌으면….

분명 같은 학생인데 다른 모습입니다. 어느 시간, 어느 공간이냐에 따라 학생들의 모습은 천 년을 이기는 침묵의 돌덩이였다가 또 어느새 자기들끼리 흥겹게 조잘대는 꾀꼬리가 됩니다.

그런데 그 꾀꼬리 같던 학생들이 수업 시간만 되면 다시 침묵의 돌덩이가 됩니다.

수업이 재미없어서겠지요. 배우는 내용에 흥미가 없어서겠지요. 자신에게 도움이 된다면 두 눈 부릅뜨고 밤새워서라도 잘 들을 학생들입니다. 배움이 일어나야 할 교실에 뭔가 문제가 있어 보입니다. 하지만 학교 밖에서는 이런 교실의 문제 상황을 교사 개인의 자질 부족을 문제 삼기도 합니다. 지금의 학생들과 단 하루라도 교실에서 수업해 보신다면, 그런 말씀 쉽게 하지 못할 것을 당연히 압니다. 하지만 어려운 여건 속에서도 수업에 최선을 다하는 교사들의 노력을 그렇게 폄하하면 서운한 것이 사실입니다.

「수업 혁신을 위한 고등학교 수업 유형별 학생 참여 수업 실태 조사」라는 교육부의 보도 자료에서 '수업 시간에 자는 편이다.'라고 응답한 학생 비율이 27.3%라고 합니다. 고등학교 중에서도 일반고는 28.6%에 해당하는 학생이 수업 시간에 잔다고 합니다. 심지어 자율고는 17.9%, 외국어고 13.1%, 과학고도 14.3% 학생들이 수업 중에 잔다고 합니다.[10] 이런 현실이니 '붕괴되는 교실'과 '학교 무용론'이 사람들 입에서 오르내릴 만합니다.

하지만, 이 상황을 교사 개인의 자질 탓으로만 치부해서는 안 됩니다. 교사 혼자서 해결할 수 있는 문제가 아닙니다. 그러니 수업 시간에 자는 학생들, 수업에 집중 못 하는 학생들을 당신의 탓으로만 여기지 마세요. 마음 약한 당신이 스스로 죄책감을 느끼는 것은 아닌지 염려가 됩니다. 당신이 좋은 수업을 위해 늘 노력하고 있다는 걸 압니다. 누가 뭐라든 좋은 수업을 만들고 싶은 것이 당신의 당연한 바람이란 걸 압니다.

하지만, 더 이상 학생들의 삶과 동떨어진 철 지난 교과서만을 탓하고 싶지도 않습니다.
지나온 시간을 돌이켜 보며 교사로서 반성해 봅니다.
수업에 얼마나 진심을 담았는지 스스로에게 반문해 봅니다.

'학생들이 다치면 바로 민원이 들어오는 초등학교니까, 수업 중에 교과서와 상관없는 내용을 가르치면 항의 들어오는 중학교이니까, 대입 수능을 준비해야 하는 일반고니까, 실습 교과 위주로 운영되는 특성화고니까.'라며 당신이 원하는 수업을 하지 못하는 이유를 교육 제도와 남 탓으로만 여긴다면 해결되는 것은 없이 불만과 불평만이 남습니다.

이런저런 핑계로 좋은 수업을 위한 고민을 해 보지 않았는지도 모릅니다. 학교를 옮기거나 새 학년이 시작되면 호기롭게 이런저런 수업을 시도해 봅니다. 하지만 학년 말까지 지속하기는 쉽지 않습니다. 어느 날엔 정규 수업만 하루 다섯 시간 이상에다가 방과후 보충 수업까지 예닐곱 시간을 연달아 수업하면 정신적, 육체적으로 지치기도 할 겁니다.

초등학교에서는 전담 교사가 배치된 일부 과목을 제외하고 전 과목을 담임 교사가 가르쳐야 합니다. 중 · 고등학교에서는 여러 학년을 걸쳐서 가르치는 경우도 있습니다. 또, 교과 특성에 따라 여러 과목을 가르쳐야 하는 경우도 있습니다. 심지어 소속 학교와 교재가 다른 주변 학교로 순회 수업을 나가야 하는 경우도 있습니다.

사정이 이렇다 보니 교재 연구를 제대로 한다는 것 자체가 매우 어렵습니다. 거기에 학교 업무, 담임 업무, 동아리 업무 등에 쏟아야 하는 시간까지 계산해 보면 물리적으로도 수업 연구를 할 수 있는 시간이 그리 많아 보이지 않습니다. 좋은 수업을 위해 뭔가 근본적인 해결책이 필요해 보입니다.

좋은 수업은 교사가 좋아하는 수업이 아니라, 학생이 좋아하는 수업입니다.

좋은 수업은 교사의 개인기로 수업 시간 내내 빈틈없이 진행하는 수업이 아니라, 학생들이 능동적으로 재밌게 만들어 가는 수업입니다. 이때 학생들이 재밌게 배울 수 있도록 교사는 판을 깔아 주는 역할을 해야 합니다. 교과 특성마다, 학교급 특성에 따라 달리해야 합니다. 학생들 스스로 수업을 만들고 배움이 생길 수 있도록 수업 환경을 개선해 나가야 합니다. 좋은 수업을 위해서는 가르치려고 하는 교사의 역할을 점점 줄이고, 스스로 배워 나가는 학생의 역할을 점점 늘려 나가야 합니다.

좋은 수업이면서 재미있는 수업이면 최상입니다. 좋은 수업과 재미있는 수업이 늘 동일할 수는 없지만 수업에는 재미가 있어야 합니다. 재미없는 수업을 일부러 하는 교사는 단 한 사람도 없습니다. 재미없는 수업으로 학생들을 괴롭히려고 하는 교사는 단 한 사람도 없습니다. 하지만, 매시간 재미있는 수업을 만든다는 것도 현실적으로 불가능해 보입니다. 이 상황에서 할 수 있는 것은 무엇이 있을까요?

4대 성인(聖人)이라고 하는 공자도, 부처도, 소크라테스도, 예수도 이 세상 모든 사람들이 자신을 따르게 할 수 없습니다.[11] 하지만 그들의 가르침이 잘못된 것은 결코 아닙니다. 당신도 마찬가지입니다.

학생들을 향한 당신의 가르침이 잘못된 것이 아닙니다. 노골적으로 책상에 엎드려 자는 학생보다는 당신의 수업을 듣는 학생에게 초점을 맞추기 바랍니다. 당신과 대한민국의 교사들은 모두 자기 몫을 충분히 해낼 역량이 있는 선발 집단의 지성인입니다. 그러니 학교 교육에 문제가 많다고 해서 거시적인 차원의 변화만을 넋 놓고 앉아서 무작정 기다릴 수도 없습니다. 현명한 당신은 교사로서 자신에게 주어진 상황에서 최선의 해결 방법을 찾고자 노력할 겁니다.

교사는 가르치는 것이 직업이기에 기본적으로 수업에서 행복을 찾아야 합니다. 수업을 통해 누릴 수 있는 행복은 교사만이 누릴 수 있는 참으로 영광스러운 행복이기도 합니다. 모든 학생을 만족시키겠다는 욕심을 버리기 바랍니다. 대신 소수라 할지라도 당신의 수업을 열심히 듣는 학생들에게 집중하기 바랍니다.

그들은 당신이 하는 수업의 진정한 가치를 알아봐 주는 열혈팬들입니다.
당신의 애제자(愛弟子)가 될 수 있는 학생들입니다.
이들은 높은 경쟁률을 뚫고, 당신에게 선택받은 행운아입니다.

수업 시간은 애제자를 만들 수 있는 기회의 시간입니다. 당신의 가르침을 받는 많은 학생 중에서도 소수의 학생들만이 애제자로 선택받을 수 있습니다. 진흙 속에서 보석을 찾는 심정으로 잘 찾아보기 바랍니다. 분명히 보일 겁니다. 교과 수업만으로 부족하면 동아리를 함께 운영해도 좋습니다.

동아리 활동은 학년이 바뀌고, 학급이 바뀌어 정규 수업 시간에 만날 수 없다고 하더라도 함께 할 수 있는 의미 있는 교육 활동을 지속할 수 있어 좋습니다. 그리고 기존의 애제자들과 함께 새로운 예비 애제자들을 자연스럽게 만날 수 있어 또 하나의 장점이 됩니다.

그렇게 일 년에 딱 세 명, 졸업 후에도 연락하고 만날 수 있는 제자를 만든다는 마음으로 그들에게 정성을 쏟기 바랍니다. 당신의 편이 될 수 있도록 정성을 다하기 바랍니다. 이걸 두고 일부 학생들에게만 편애한다고 말하는 사람들이 있을지 모르겠습니다. 처음부터 편애한 것이 아닙니다. 모든 학생들에게 같은 기회를 줬습니다. 매번 기회를 줄 때마다 그것을 잘 따라온 학생이 있었고, 그렇지 못한 학생이 있었을 뿐입니다.

세상의 그 어떤 신도 모든 인간을 자신의 편으로 만들지는 못합니다. 교사가 쏟은 정성을 받거나 받지 않은 것은 학생의 선택입니다. 한 해가 끝날 무렵 애제자가 세 명보다 많다면 그건 목표와 기대를 뛰어넘는 성과를 거둔 것입니다. 하지만 어떤 해에는 두 명, 그것도 아니면 한 명의 애제자만 만들 수 있습니다. 심지어 어떤 해에는 한 명 만들기도 힘들 수 있습니다.

괜찮습니다. 애제자를 만들 수 없는 또 하나의 방법을 알아낸 겁니다. 당신이 성장할 수 있는 또 하나의 배움을 얻은 겁니다. 포기만 하지 않는다면 애제자를 만들 수 있는 성공 확률을 더욱 높일 수 있습니다. 당신이 교직을 떠나는 날, 마음속에 품고 갈 수 있는 애제자들을 하나둘씩 계속 키워 내기 바랍니다. 선생님이란 직업을 통해 누릴 수 있는 당신만의 행복이니까요.

행복을 위한 처방전 8

수업을 잘 듣는 적극적인 학생들에게 초점 맞추기

- 수업을 잘 듣는 학생이 있으면 3월 한 달 지켜보았다가 4월 초에 교과 부장을 시킵니다.
- 애제자들을 최대한 활용하여 수업을 진행합니다.
- 애제자들과 동아리를 만들고, 함께 진행할 수 있는 다양한 프로그램을 운영합니다.

중요한 것은 꺾이지 않는 마음

9일

중.꺾.마.

넘어졌지만,
다시 일어나 뛰면 되니까
제자리에 머물러 있는 사람보다는
더 빨리 도착할 수가 있는 거지.

길을 잃었다면,
또 다른 길로 가면 되니까
길을 떠나지 않은 사람보다는
목적지를 찾을 확률이 더 높아진 거지.

실망을 했다면,
또 다른 희망을 품으면 되니까
희망의 존재조차 알지 못하는 사람보다는
다시 시작하기가 더 쉬운 거지.

지금 네게 해 줄 말은

다시 시도해 볼 것.
다시 앞을 바라볼 것.
다시 일어설 것.
다시 나아갈 것.

지금은
물이 끓기 전 어디쯤 온도.

10도일 수도,
50도일 수도,
어쩌면 99도일 수도.

지금 네게
중… 요한 것은
꺾… 이지 않는
마… 음.

단 한 번에 걸을 수 있는 아이는 없습니다. 단 한 번에 자전거를 타는 아이는 없습니다. 앞으로 나아가기 위해서는 먼저 중심을 잡아야 합니다. 오른쪽으로 넘어졌으면 다음번에는 왼쪽으로도 넘어져야 합니다. 앞으로 넘어졌으면 다음번에는 뒤로도 넘어져야 합니다. 그렇게 중심을 잡는 연습을 해야 합니다.

중심을 잡는 과정에서 이리저리 흔들리는 것은 당연한 겁니다.
아직 중심을 잡기 전이니까요.

너무나 당연해서 말해 주는 사람이 따로 없을 뿐, 누구나 다 겪어 온 일입니다. 스키를 탈 때는 앞으로 나아가는 것보다 옆으로 넘어지는 법을 먼저 배웁니다. 남보다 빨라야 경기에서 이기는 것이지만, 가속력이 붙은 상태에서 앞으로 넘어지면 크게 다치게 됩니다. 유도에서도 상대를 넘어뜨리는 기술을 배우기 전에 자신이 넘어질 것을 대비해서 낙법부터 배웁니다. 머리가 다치지 않게 손바닥이나 팔이 먼저 바닥에 닿도록 하여 떨어지는 몸의 충격을 흡수해야 합니다. 상대를 쓰러뜨리는 것이 유도에서 승리하는 것이지만, 그 전에 잘 넘어지는 법을 배워야 합니다. 그래야 부상을 방지할 수 있습니다.

앞으로 나아가기 위해서는 넘어지고 다시 일어서는 법을 배워야 합니다.
상대방을 넘어뜨리기 위해서는 자신이 먼저 넘어지는 법을 배워야 합니다.
실패도 배워야 합니다. 그래야 좌절을 딛고 더 큰 성공으로 나아갈 수 있습니다.

무엇을 하든 최소한 한 번의 연습이 필요한 것이 인생입니다. 나 역시 내가 원하는 것들을 한 번에 바로 이룬 삶은 아니었습니다. 여러 번의 실패 속에서 다시 시도하고, 차선책을 찾아 가며 원래 생각했던 길을 돌고 또 돌아 여기까지 왔습니다.

"천 번의 실패를 한 것이 아니라, 전구를 만들 수 없는 천 번의 방법을 알게 되었다."라는 발명왕 에디슨의 말처럼 모든 과정 하나하나가 당신이 원하는 곳으로 나아가는 하나의 과정입니다. 이미 당신이 알고 있는 것처럼 기우제를 지낼 때마다 100% 확률로 비가 오게 만드는 비법은 비가 올 때까지 기우제를 지내는 겁니다.

힘들 때 잠시 쉬는 것은 삶에서 필요합니다. 숨이 차면 잠시 멈추고 호흡을 가다듬어야 합니다. 팀을 나눠 승패를 가르는 운동 경기에는 쉬는 시간이 있습니다. 전반전이 끝났으면 휴식을 갖고, 후반전을 준비해야 합니다. 전반전에 점수가 뒤지는 상황이면 휴식 시간에 그 원인을 분석하고 전략을 재정비해서 후반전을 준비해야 합니다. 하지만 전반전만 마치고 경기를 포기해서는 안 됩니다. 승패의 결과는 끝까지 가 봐야 알 수 있습니다. 아직 보이지 않겠지만 삶의 역전승이 당신을 기다리고 있습니다.

신은 모든 인간에게 선물을 주신다고 합니다.
단, 선물을 주실 때는 선물 상자에 담아 주시기 때문에 그 안에 무엇이 들어 있는지 알 수 없습니다.

그 안에 담긴 것이 무엇인지는 당신이 직접 상자를 열어 보아야 알 수 있습니다. 신께서 당신을 위해 준비하신 선물을 꼭 받았으면 합니다. 그 선물을 그냥 버리는 일이 없어야 합니다. 뜻대로 되는 일이 아직 없었다면 신께서 주신 선물을 아직 확인하지 못한 겁니다.

신이 주신 것을 선물로 받아들일 수 있는 준비가 필요합니다. 길을 걷다가 발에 걸린 돌덩이를 보고 어떤 사람은 넘어질 뻔했다고 화를 내지만, 또 어떤 사람은 그 돌을 날라다 집을 지을 수도 있습니다.

모든 것에는 시간이 필요합니다. 단번에 이루어지는 것은 없습니다. 한두 번 시도해서 안 된다고 포기하지 마세요. 황금을 찾기 위해 당신이 땅을 파고 있는데, 오랜 시간이 지나도 황금이 나오지 않습니다. 그래서 이제 땅 파기를 그만두려고 합니다. 하지만 당신이 서 있는 바로 발 아래에 황금이 있을 수 있습니다. 한 번만 더 파 내려가면 그 밑에 황금이 있습니다. 황금을 캐기 시작한 첫날과 황금을 발견하기 바로 전날, 당신이 땅을 판 행동에는 차이가 없습니다. 단지, 당신과 황금과의 거리에서 차이가 납니다.

시간이 지난다고 땅 파는 것이 더 쉬워지는 것이 아닙니다.
다만, 황금과의 거리가 그만큼 더 가까워집니다.

가던 길을 포기하지 말고 당신이 나아가고자 하는 방향으로 계속 나아가기 바랍니다. 포기하고 싶은 마음이 들 때가 성공하기 바로 직전의 단계입니다. 자신에게 주문을 거세요.

할 수 있다!

중요한 것은 **꺾**이지 않는 **마**음 — '중.꺾.마.'

지금 **필**요한 것은 **꺾**이지 않는 **마**음 — '지.필.꺾.마.'

속된 말로 '닥치고' 그냥 해야 합니다. 논리적으로 생각하고 하는 것이 아니라, 습관처럼 그냥 하는 겁니다. 힘들 때, 꼭 필요할 때 하는 것이 아니라 힘들기 전에, 힘이 다하기 전에, 아무 때나 그냥 해야 합니다.

당신의 '중.꺾.마.'와 '지.필.꺾.마.'를 응원합니다.

행복을 위한 처방전 9

힘들 때 성공 주문 읊기
('중.꺾.마.', '지.필.꺾.마.' 또는 자신만의 주문 만들기)

- 주문을 읊으며 성공의 99%에 이르렀다고 믿습니다.
- 아직 이루지 못했다면 성공의 99.9%에 이르렀다고 믿습니다.
- 그래도 이루지 못했다면 99.99%, 그것도 아니면 99.999%, 99.9999%…. 그렇게 계속 '9'가 늘어날수록 목적지에 점점 가까워지고 있다고 믿습니다.

멋진 'Show'를 보여 주세요

10일

쇼(Show)

1.

관람객들이 객석을 채운다.

쇼가 시작되었다.

물개는 평소 연습한 대로 움직인다.

조련사와 반복적으로 연습했던 것을

물개는 조건반사적으로 기억하고 있었다.

조련사는 친근함을 주는 멜빵바지 차림이다.

관객에게 인사를 한다.

조련사의 말과 몸짓에 따라 물개는 행동한다.

물 위로 점프를 하고,

꽃을 물어 오고,

누워서 박수 치고,

원통을 통과하고,

바구니 안에 공을 넣는다.

관람객들의 환호와 박수 소리에
조련사는 생선을 던진다.
물개는 생선을 맛있게 먹는다.
짜인 순서 그대로다.
관객들은 사진을 찍고 영상을 촬영한다.
오늘도 똑같은 연기.
안녕히 가시라는 마무리 인사를 한다.

관람객이 떠난다.
오늘도 원래 해왔던 대로 큰 실수 없이
공연이 잘 끝나 다행이다.

텅 빈 객석.
연기자 물개는 보통 물개로 돌아간다.
여러 물개들과 뒤뚱거리면서 우리로 향한다.
다음 쇼까지 휴식을 취한다.

2.
장학사와 다른 선생님들이 자리를 채운다.
수업이 시작되었다.
학생들은 평소와는 다르게 움직인다.
선생님이 지난 시간에 주문하신 것을
몇몇 학생은 대본 외우듯 암기하고 있었다.

선생님은 입학식 때 입었던 정장 차림이다.
학생들이 인사를 한다.
익숙하지 않지만 익숙한 것처럼
칠판에 학습 목표를 정자(正字)로 쓴다.
선생님의 질문에 학생들은 '네'라고 짧게 답한다.
몇 가지 질문을 더 했지만, 역시 '네'라고 짧게 끝난다.
선생님이 발표를 시킨다.
사전에 약속된 대로 답을 한다.

선생님의 칭찬이 이어진다.
선생님의 어려움을 아는지
한 학생은 졸고 있다.
이건 계획에 없던 거였다.
식은땀이 흐른다.
평소와 다르게 "피곤하니?"
한마디 상냥한 미소를 던진다.

드디어 종소리.
준비한 것들을 다 보여주지 못했다는
아쉬움이 교사의 표정에 남는다.

구경꾼들이 떠난 교실.
쇼를 마친 학생들은 병든 닭으로 돌아간다.

책상에 엎드려 피곤함을 달랜다.
다음 수업까지 꿀잠을 잔다.

사람들의 수많은 눈빛이 빨간색 레이저 광선처럼 당신의 온몸을 향하고 있습니다. 교사라면 누구나 학사 일정에 따라 동료 교사, 학부모, 장학사 등을 대상으로 공개 수업을 진행하게 됩니다. 연구 학교, 교원 평가 등 그 목적에 따라 수업을 공개하는 것이 마땅하지만, 공개 수업은 교사에게 적지 않은 부담이 되는 것이 사실입니다. 단 한 번의 공개 수업을 통해 교사로서 자신의 역량을 다 보여 줘야 하기 때문입니다.

의무감으로 한 시간짜리 쇼를 보여 줘야 하는 공개 수업.
베테랑 연기자도 첫 무대는 떨린다고 하는데 당연히 긴장됩니다.

게다가 특별한 손님들까지 찾아오신다고 하면 두렵기까지 합니다. 정성껏 준비한 영상 자료가 작동되지 않아 어색한 시간이 흐르기도 하고, 평소 밝고 명랑했던 학생들도 묵묵부답으로 예상처럼 따라 주지 않으면 긴장감이 더합니다. 이럴 때는 분위기 전환을 위해 소위 말하는 '애드리브'가 먹혀야 하는데 오히려 학생들의 무반응 때문에 등에서 식은땀이 나고 어색한 미소만 짓는 경우도 있습니다. 수많은 눈동자가 당신을 주목하고 있습니다. 행동 하나, 말 한마디를 던질 때마다 뭔가를 계속 적는 장학사분들의 행동이 신경 쓰입니다.

공개 수업, 정말 필요한 걸까요?

공개 수업에 대한 관점의 변화가 필요합니다.

가수가 음반만 내고 무대에 서지 않으면 진정한 가수가 아닙니다. 교사도 학생들을 가르친다고 말만 하고 수업하는 현장을 보여 줄 수 없다면, 가르친다는 것에 대한 신뢰가 생길 수가 없습니다. 교실이라는 무대에서 연기를 할 줄 알아야 합니다. 무대를 잘 준비해서 사람들을 초대하고, 자신의 수업을 보여 줄 수 있어야 합니다. 보여 달라고 하면 언제라도 보여 줄 수 있는 당당함이 있어야 합니다. 공개 수업을 자신감 있게 잘 운영하는 교사가 평소 수업도 잘할 거라 믿는 것은 당연합니다.

공개 수업에서는 자신만의 특기를 보일 수 있는 연기가 필요합니다. 평소 하던 대로 가공하지 않은 날 것의 수업을 있는 그대로 보여 주는 것이 진정한 공개 수업이라고 하는 분들도 있습니다. 평소 수업을 항상 완벽하게 잘하고 있었다면 있는 그대로 보여 주는 것이 당연합니다. 하지만 이런 저런 상황들로 인해서 실제 수업이 항상 의미 있는 수업일 수는 없습니다. 그러니 항상 보여 줄 수는 없지만, 마음만 먹으면 멋진 수업을 할 수 있는 당신의 능력을 공개 수업을 통해 여러 사람 앞에서 선보이는 것이라 생각합시다.

혹시 실수를 하지 않을까 두렵습니까? 괜찮습니다. 실제로 완벽한 수업이란 것이 어디 있겠습니까? 아쉬움이 남고 부족함이 생기는 것이 당연합니다. 부족한 것들은 채워 나가면 됩니다. 공개 수업을 통해 당신의 수업에 대해 조언을 듣는 좋은 기회가 될 수도 있으니, 일단 최선을 다해서 준비해 보는 겁니다. 그러면서 좀 더 성장할 수 있는 계기가 되지 않을까요? 지금도 충분히 훌륭하지만, 더 나은 수업을 위한 아이디어를 얻을 수 있지 않을까요?

가장 좋은 것은 평소 하는 수업을 공개 수업처럼 준비하고 교실에서 수업하는 것이겠지요. 그리고 수업 역량을 향상시키기 위해 꾸준히 노력하는 것이겠지요. 공개 수업뿐만 아니라 평소 수업도 학생들 앞에서 펼치는 연기입니다.

매년 반복되는 수업 내용이 있다면 미리 수업을 촬영하고 편집해서 실제 수업에서 활용해도 좋습니다. 처음은 어색하겠지만 약간의 연기력과 영상 편집 기술만 익힌다면 학생들의 흥미와 관심을 이끌어 낼 수 있습니다.

수업 촬영의 장점은 또 있습니다. 수업 촬영 영상을 통해 당신의 수업을 수정하고 보완해 나갈 수 있습니다. 수업 영상을 촬영해서 보게 되면 수업할 때의 움직임, 말버릇, 억양, 시선 처리, 이동 동선, 학생의 움직임 등을 다른 시점에서 세세하게 체크해 볼 수 있어 좋습니다.

교실은 배움이 일어나는 공간입니다.
그 공간에서 교사는 주연 배우이자 연출가입니다.

시대가 변하고 있습니다. 학생도 변했습니다. 수업도 변해야 합니다. 요즘 학생들에게 10년 전, 20년 전 유용했던 수업 방법, 수업 기술들이 지금도 그대로 유용할 수는 없습니다. 다양한 매체를 활용해야 하고, 학생의 흥미와 관심을 끌고 있는 것들을 수업 주제로 삼아야 합니다.

불편한 이야기로 들리겠지만 오히려 교직 경력이 많고 과거에 수업을 잘했다는 소리를 들었던 선생님일수록 수업 방법이나 수업 진행 방식이 시대 흐름에 뒤처져 있을 수 있습니다. 화려했었다고 믿고 있는 자신의 과거 경험에만 갇혀서, 아무런 변화 없이 자신만의 수업 방식을 고집스럽게 지키고 있을 수도 있습니다.

그런 면에서 오히려 교직 경력이 짧은 선생님들이 최신의 수업 모형 및 수업 방법에 대해서 더 잘 알고 있으며, 수업 개선에 대해 보다 유연한 자세와 태도를 지니고 있을 가능성이 높습니다. 특히 학생들이 무엇을 좋아하고 무엇에 관심이 있는지 학생들과 소통하는 방식에서는 젊은 선생님들이 훨씬 앞서 있습니다.

학생들이 학습에 관심도가 떨어지고 무기력해진 것이 아니라, 선생님의 수업 방식이 구닥다리가 되어 흥미가 떨어진 것일 수 있습니다. 예전에는 학생들이 말 잘 듣고 착했다며 과거의 학생들과 자꾸 비교하는 꼰대 발언은 사실 여부를 떠나 남들 앞에서 되도록 삼가기를 바랍니다.

모든 것은 자기 탓입니다. 남 탓만 해서는 상황이 바뀌지도 않고 더 성장할 수도 없습니다. 부족한 것을 채우고 새로운 것을 익히면서, 당신의 능력을 가장 잘 드러낼 수 있는 수업을 만들어야 합니다.

수업 능력 향상과 관련해서 가장 좋은 방법은 수업 컨설팅을 직접 받아 보는 겁니다. 교육청에서 발송하는 관련 공문이 오면 신청할 수 있습니다. 가장 편한 방법도 있습니다. EBS 강사분들이나 유명한 인터넷 강사분들의 수업 동영상을 참고하면 됩니다. 우수한 강사들이 오랜 시간 준비하고, 다양한 매체를 활용했을 뿐만 아니라 영상 편집을 통해 보여 주고 싶은 것만 뽑아서 보여 주는 수업이기 때문입니다. 가장 완성도 높은 수업을 군더더기 하나 없이 집약적으로 보여 주는 수업입니다. 칠판에 필기하는 방법이나 수업 내용 전달 방법 등 기본적인 교과 수업 운영 방법을 배울 수 있습니다.

하지만, EBS나 인터넷 강사의 수업은 지식 전달 위주의 수업입니다. 토론, 토의, 협력 수업 등 학생 활동 중심의 수업 진행에 도움을 얻고자 한다면 각 시도교육청이 운영하는 교수 · 학습 지원센터 자료를 참고해도 좋습니다. 또한 교수 · 학습 방법과 관련한 다양한 오프라인, 온라인 연수에 참여하는 것도 좋은 방법입니다.

최근에는 유튜브에서도 우수한 수업 동영상 자료를 쉽게 참고할 수 있습니다. 자신이 필요로 하는 검색어만으로도 수업 내용이나 교수 · 학습 방법, 과목의 특성에 따라 다양하게 활용할 수 있는 수업 아이디어를 찾을 수 있습니다. 거기다 수석 교사나 동료 교사의 수업을 참관하고 서로 의견을 나눈다면 더할 나위 없이 좋습니다. 서로 수업을 참관하면서 코칭해 주는 것이 진정한 학습공동체의 모습입니다.

이런저런 자료를 찾아보고, 수업에 대한 연수를 듣다 보면 교사로서 열심히 살아가는 분들이 당신 주위에 참으로 많다는 것을 깨닫게 됩니다. 그러면서 편한 생활에 안주하려고 했던 자신을 반성하기도 합니다.

변화를 거부하고 자기만의 좁은 성(城) 안에 틀어박혀 있는 것은 아닌지요. 어쩌면 공개 수업에 대해 부정적인 시각을 가지게 된 것은 자신의 어설픈 수업을 남들에게 들킬까 하는 두려움일 수도 있습니다.

당신은 수업을 잘하기 위해서 어떻게 해야 할지 이미 알고 있습니다. 문제는 실천입니다. 그 어느 것을 시도해도 좋습니다. 좋은 수업을 위해 노력하는 것, 학생들 관점에서 배움에 대해 생각해 보는 것이 필요합니다.

당신이 학생들에게 늘 하는 말입니다. 모르고 부족한 것은 배우고 익혀서 향상시키면 됩니다. 교사도 과거의 자신보다 성장하기 위해서 배워야 합니다. 이미 교직에 있으니 모든 것을 보장받을 수 있다는 생각에서 벗어나야 합니다.

올해는 이미 늦었다고요? 괜찮습니다. 남은 기간부터 준비하면 내년에 바로 좋은 수업을 할 수 있습니다. 올해 잘 안되었다고요? 괜찮습니다. 내년, 내후년이 있습니다. 계속 시도해야 합니다. 가수들도 히트곡 하나 나오기 전까지 많은 시행착오와 시련을 겪습니다. 교사는 수업이라는 무대를 망쳤다고 해서 월급이 줄지 않습니다. 그 얼마나 다행입니까? 물론 수업을 잘했다고 월급이 오르지는 않겠지만 즐거운 수업으로 인해 행복할 수는 있습니다. 즐거운 수업은 또 하나의 장점도 있습니다. 바로 수업에 대한 두려움을 치유해 줍니다.

수업에 대한 두려움은 월급이 올랐다고 사라지는 것이 아니라, 좋은 수업을 할 수 있다는 자신감을 가질 때 사라집니다.

수업하는 것이 어렵다고 걱정할 시간에 수업을 준비하는 시간을 가져 보는 것은 어떨까요? 학생들이 교사의 권위를 인정해 주지 않는 것에 대해 신경 쓰기보다는, 학생들에게 올바른 가르침을 줄 수 있는 것에 대해 생각을 집중하는 것은 어떨까요?

모든 수업은 학생들을 위한 겁니다.
공개 수업이라는 쇼는 장학사, 동료 교사를 위한 것이 아닙니다.

오늘도 뭔가를 배우려고 초롱초롱한 눈망울로 당신을 바라보는 학생들을 위한 겁니다. 당신이 아이돌 스타급의 외모를 가진 분이 아니라면 모든 학생들이 수업 시간 내내 당신의 말과 행동에만 집중하기란 쉽지 않습니다. 설령 그런 외모를 가진 분이라고 하더라도 당신에 대한 모든 학생들의 관심은 일주일을 넘어가지 못합니다. 그렇다고 강압적인 방법으로 당신에게 집중하게 만드는 것은 당신도 학생도 원하지 않은 방법일 뿐만 아니라 많은 에너지가 소모되는 일입니다.

단 한 명의 팬을 위해서라도 최선을 다한다는 가수의 심정으로 교실이라는 무대에서, 수업이라는 멋진 콘서트를 펼쳐 보이세요. 한 시간짜리의 멋진 쇼를 당신의 팬들에게 보여 주세요. 벌써 당신을 응원하는 팬들의 함성 소리가 들려오는 듯합니다.

행복을 위한 처방전 10

자기의 장점을 드러낼 수 있는 수업을 다양하게 시도해 보고, 그중에 제일 자신 있는 것으로 공개 수업 하기

- 다른 선생님들의 모범 수업 영상을 꾸준히 보며 배웁니다.
- 공개 수업 하기 전에 다른 학급에서 미리 예행연습을 시도해 보고 부족한 부분을 개선해 나갑니다.
- 교사와 학생이 서로 만족할 만한 공개 수업이 되었으면, 매년 그 수업을 재구성하고 보완해 나갑니다. 자신만의 '수업 레퍼토리'가 다양해집니다.

너와 함께 한 이별 여행

11일

걱정 버리기

봄바람
살랑하고
불길래

하얀 티에 청바지,
쿠션 좋은 운동화.

마음처럼 가벼운 지갑엔
교통카드와 현금 만 원.

오늘은
학교 앞 정류장에서
아무 버스나 타고
종점까지 갈 거다.

너랑 같이 갔다가
나만 몰래 돌아올 거다.

걱정이 많은 날, 당신은 뭐 하면서 지내는지요? 걱정은 오늘도 당신을 찾아옵니다. 내 뜻대로 당장 무엇이 되는 세상이 아니기 때문입니다. 미래에 대한 두려움과 불안, 그리고 계획한 대로 성취할 수 있다는 믿음이 부족하니, 걱정이라는 어두운 그림자가 당신을 숨 막히게 덮어도 그냥 내버려둘 수밖에 없습니다.

그렇게 걱정은 오늘도 당신과 함께합니다.

희망을 품으면 그 반대편에서 걱정도 함께 자랍니다. 걱정은 무언가가 뜻대로 되지 않을 수도 있다는 두려움이 자라서 생겨나기 때문입니다. 하지만, 또 한편으로 생각해 보면 걱정이 있다는 것은 바라는 것이 있다는 겁니다. 그래서 희망과 걱정은 짝처럼 붙어 다닙니다.

선생님, 학교에서 당신의 가장 큰 걱정은 무엇입니까?

당신은 학교에서 수업을 하고, 학급을 운영하기도 하며, 행정 업무도 합니다. 또한 수업을 위해 교재 연구도 하고, 평가 업무도 하며 학생 지도를 하기도 합니다. 하지만, 당신이 하는 일 중에서 가장 중요한 것, 가장 잘하고 싶은 것, 가장 잘해야만 하는 것을 꼽으라면 당연히 수업입니다. 수업을 잘하지 못하고 나머지 것들만 잘한다면 선생님으로서 행복할 수가 없습니다. 나머지 것들은 혼자의 힘으로도 어떻게 해결해 볼 수 있겠지만, 수업은 학생과 함께 만들어 나가야 하기에 당신만 열심히 한다고 해서 수업이 저절로 잘되는 것은 아닙니다.

교사라면 누구나 완벽한 수업을 꿈꿉니다. 그래서 교실에서 당신이 모든 것을 통제할 수 있기를 바랍니다. 하지만 그런 일은 결코 생기지 않습니다. 준비된 수업지도안의 '도입–전개–정리'처럼 수업은 진행되지 않습니다. 당신이 생각한 대로 학생의 학습 동기가 생기지 않습니다.

당신이 계획한 그대로 학생들을 가르칠 수 없습니다.
또, 당신이 계획한 그대로 학생들이 배우지 않습니다.

같은 수업 내용을 같은 교수 · 학습 방법으로 가르쳤다고 하더라도 어떤 환경에서, 어떤 학생들을 대상으로, 어느 시기였냐에 따라 수업의 결과는 다를 수 있습니다. 모든 조건이 같아도 3교시에 했던 수업과 점심 식사 후 5교시에 했던 수업이 다를 수 있습니다. 남학생과 여학생과의 반응이 다를 수 있습니다. 학급의 분위기나 학생들 간의 친밀도에 따라 다를 수 있습니다. 시험이 끝난 이후의 수업인가, 시험이 임박할 때의 수업인가에 따라 반응이 다를 수 있습니다. 심지어 이전 수업에서 있었던 어떤 상황이 다음 수업 분위기에 영향을 주기도 합니다.

이렇게 수업 전에 고려하지 않았던 많은 것들이 수업 결과에 영향을 미칩니다. 그러니 학창 시절 전공 시간에 배웠던 교수 · 학습 방법들이나 모형들, 연수받았던 내용을 그대로 따라 했다고 하더라고 그 결과는 다를 수 있습니다.

그렇다고 수업 설계를 위한 지도안 자체가 무용지물이라고 말씀드리는 것은 아닙니다. 필수적인 내용은 들어가 있어야 합니다. 하지만 수업지도안에는 계획대로 진행되지 않을 때를 대비해서 제이, 제삼의 다양한 대안들을 함께 생각해 두어야 합니다. 좋은 수업을 위해서 고려해야 할 것들은 이처럼 참으로 많습니다.

이렇다 보니 수업에 대한 걱정이 또 쌓입니다.
잘하고 싶은 욕심이 클수록 실망도 같이 커집니다.

세상일은 욕심만큼 잘될 수도 있지만, 그렇지 않은 경우가 더 많습니다. 왜냐하면 세상의 모든 일이 자신의 노력만으로 해결할 수 있는 것이 아니기 때문입니다. 세상에는 자신이 통제할 수 있는 영역과 통제할 수 없는 영역이 있습니다.

미국의 심리학자 어니 J. 젤린스키는 『느리게 사는 즐거움』에서 '사람들이 하는 걱정의 40%는 절대 현실에서 일어나지 않는 일, 30%는 이미 일어난 일, 22%는 사소한 고민, 4%는 당신 힘으로는 바꿀 수 없는 일, 나머지 4%만이 당신 힘으로 해결할 수 있는 일이다.'라고 했습니다.[12] 실제로 걱정이라고 말하고 당신 스스로 해결할 수 있는 것이 고작 4%, 100개 중에 4개입니다. 나머지는 다 쓸데없는 걱정이라는 뜻입니다.

걱정에 초점을 맞추기보다는 당신이 해야 할 일에 초점을 맞춰야 합니다.
걱정에 에너지를 쓰기보다는 당신이 해야 할 일에 에너지를 써야 합니다.

우리말에 '걱정 붙들어 매라.'는 말이 있습니다. 걱정은 없애는 것이 아니라, 움직이지 않게 고정시켜 두는 겁니다. 당신 뒤를 졸졸 따라다니며 귀찮게 구는 걱정이 더 이상 따라오지 못하게 그 자리에 단단히 묶어 두는 겁니다. 당신이 걱정과 함께 있다면 걱정을 묶어 둘 수 있는 공간을 찾아가서 걱정만 가만히 거기에 붙들어 매어 놓고 당신만 빠져나오면 됩니다. 삶의 지혜가 묻어 있는 표현입니다. 걱정과 함께 이별 여행을 떠난다고 상상해 봅시다. 그리고 남겨진 걱정에게 작별 인사를 전하고 당신만 다시 돌아오는 겁니다.

"잘 있어, 걱정아! 함께 한 우리의 여행은 여기까지야. 너 여기에 매어 두고 나는 간다. 언젠가 네가 다시 나를 찾아올 수도, 또 내가 네게 다시 돌아갈 수도 있겠지만, 지금은 그냥 거기에 있어. 물론 그때가 되더라도 금방 네 곁을 떠나겠지만…."

미래는 걱정하고 염려해야 할 것이 아니라, 계획을 세우고 대비를 해야 합니다. 그렇게 해서 해결이 된다면 그것은 걱정이 아니라 문제 해결의 기회가 됩니다. 그리고 그 과정에서 당신은 성장할 수 있습니다.

미국의 신학자 칼 폴 라인홀드 니부어(Karl Paul Reinhold Niebuhr)가 쓴 것으로 알려진 '평온을 위한 기도문(The Serenity Prayer)'을 찬찬히 읊조려 봅시다.

God, grant me the serenity to accept the things I cannot change;
courage to change the things I can;
and wisdom to know the difference.

주님, 제가 바꿀 수 없는 일에 대해서는 그대로 받아들일 수 있는 평안을 주시고,
바꿀 수 있는 일에 대해서는 변화시키는 용기를 주시며,
그리고 그 둘을 구분할 수 있는 지혜를 주옵소서.

어디선가 들어 본 적이 있을 겁니다. 최초로 만든 사람에 대해 의견도 갈리고 그 해석도 조금 다를 수 있지만 그것은 중요하지 않습니다. 자신의 힘으로 변화시킬 수 있는 것과 변화시킬 수 없는 것을 분별하고, 변화시킬 수 없는 것은 그대로 수용하는 것. 그리고 변화시킬 수 있는 것에 대해서는 자신의 역량을 집중하는 것. 이것이 당신에게 필요한 삶의 자세입니다.

매일 해야 하는 수업, 안된다고 너무 걱정하지 마세요. 당신이 꼭 해야 할 것들만 실수 없이 하면 됩니다. 혹시나 실수했으면 다음에 실수하지 않도록 좀 더 주의를 기울이면 됩니다. 한 번에 완벽하게 끝내려고 하지 말고, 준비한 것들을 하나씩 온전히 밖으로 끄집어내는 데에 집중하기 바랍니다. 당신의 열정을 끄집어내는 데에 집중하기 바랍니다. 그러면 당신에게 '필요 없는 걱정'이 생기는 것이 아니라, 당신에게 꼭 '필요했던 용기'가 생길 겁니다.

오늘은 스스로 당신의 어깨를 쓰담쓰담 해 주며, 노래 하나 불러 보세요. "그대여~ 너무 걱정하지 말아요~"

행복을 위한 처방전 11

주말이나 방학 때 대중 교통을 이용해서 뚜벅이 여행 떠나기

- 버스나 지하철, 기차를 타고 한 번도 가지 않은 곳에서 내립니다.
- 자신이 좋아하는 음악을 들으면서 창밖 구경을 합니다.
- 그 지역에서만 볼 수 있는 풍경이 있으면 사진을 찍습니다.
- 걱정거리를 적어 가지고 갔다가, 집으로 돌아오기 전에 쓰레기통에 버리고 옵니다.

춘곤증을 위한 처방전

12일

봄 햇살, 너 잡으러 간다

1.

오후 햇살 한 줄기
교무실 창가 블라인드 앞을 서성이다가

두려움 없이
자판 두드리는 내 손등에 내려와 앉았는데

더욱 용감해져
멍해 가는 내 뒤통수를 겨냥해서
확대경 쪼이듯 검은 머리를 지져 댄다.

이제는 간땡이마저 부었는지
업무 보는 컴퓨터 모니터 반사시키는 공무집행방해죄
- 5년 이하의 징역 또는 1천만 원 이하 벌금에 해당하는 죄를 범한다.

2.

어깨 덮은 졸음 벗어

쿠션 꺼진 의자에 앉히고

범인 검거 위해

적막의 교무실을 나선다.

– 기다려라, 봄 햇살. 너 잡으러 간다.

3.

요 녀석, 봄 햇살!

그 행방을 찾다가 그만….

– 길도 잃고, 길을 나선 목적도 잃고, 방황하는 발걸음을 어찌할까.

4.

점심시간 운동장 가득 채우던

학생들의 오색 담소가

주인 잃고 바람 따라 내 귀에 스칠 때

뭔가 홀린 오른발, 왼발은 화단 앞에 멈춘다.

활짝 핀,

웃음꽃으로 핀,

개나리, 진달래, 영산홍, 꽃잔디, 아네모네, 카라, 데이지, 그리고 넌 이름이 뭐냐?

암튼, 자기들 보아 달라고 여기저기서 시끌벅적 아우성이다.

– 학생들 이름을 까먹었던 순간처럼 미안했다, 이름을 모르는 꽃들에게.

5.
학교는 봄 잔치가 한창인데
교실에는 있는지 없는지 학생들 소리는 들리지 않고
열린 창문 사이로 고전분투(孤戰奮鬪) 중인 선생님 강의 소리만 애처롭다.
– 얘들아, 이리 좀 나와 봐. 꽃들이 너희를 애타게 부르고 있어.

이렇게 좋은 날! 교실에서 열강을 했다는 당신. 때로는 교실에서 열심히 수업만 하는 것도 학생들에게 '민폐 교사'가 될 수 있습니다. 봄이 그려 놓은 그림들이 교실 밖에 여기저기 널려 있습니다.

봄날….
잠시 쉬어도 괜찮습니다.

학교 화단에는 봄꽃들이 만발했는데 교실 안에 학생들은 힘겹게 졸음과 싸우며 공부합니다. 아니, 공부하는 척합니다. 봄바람에 꽃이 흔들리듯 학생들의 졸린 머리도 이리 흔들, 저리 흔들. 단지 꽃들은 바람 따라 좌우로, 학생들은 졸음 따라 위아래로 흔들거리는 것이 다를 뿐입니다. 봄날 점심 식사 후에 찾아오는 춘곤증은 교사도 학생도 이겨 내기 힘듭니다. 그 춘곤증에 가장 좋은 처방전은 밖으로 나가는 것. 봄날을 온몸으로 직접 맞이하는 겁니다.

이렇게 좋은 날, 교실에서 수업하는 것은 멋진 봄날을 정성껏 만들어 주신 신을 무시한 겁니다.
그러면 당신 행동에 삐지신 신도 나중에 당신의 간절한 기도를 무시하실 겁니다.

이런 날엔 당신에게 야외 수업을 추천합니다. 교과 특성에 따라, 수업 내용에 따라 충분히 야외 수업의 명분을 만들 수 있습니다. 시 창작도 좋고, 꽃 스케치도 좋고, 삼각비를 이용해 학교 건물 높이 측정하기도 좋고, 학교 공간을 효율적으로 활용할 수 있는 아이디어 찾기도 좋습니다. 야외 수업 주제를 학생들이 자율적으로 정해서 밖으로 나가는 것도 좋겠네요.

아니, 굳이 수업 내용이 있어야 할까요?
자기들끼리 웃고 떠들며 행복한 시간을 보내는 것도 좋은 수업이지요.
이런 좋은 날, 교실에서 책만 보는 것은 멋진 봄을 만들어 주신 신에 대한 배신입니다.

교감, 교장 선생님 눈치 보지 마시고 시도해 보는 겁니다. 물론 야외 수업을 하겠다고 미리 말씀을 드리면 좋겠죠. 혼자 하기 뻘쭘하면 옆 반에서 수업하는 선생님과 함께 협력 수업을 한다고 말씀드리고, 야외 수업 하면서 봄날을 즐기기 바랍니다.

야외 수업을 준비하기 위해 학교 여기저기를 둘러보다 보면, 평소 몰랐던 숨은 공간이 꽤 많다는 것을 알게 됩니다. 교실에서 운동장을 바라볼 때와 운동장에서 학교 건물을 바라볼 때의 느낌이 다르다는 것도 알게 됩니다.

일상에서 잠시 벗어난 소소한 일탈이 행복을 줍니다.

오늘은 당신이 힘을 전혀 들이지 않아도 되는 수업, 학생들이 알아서 만들어 가는 수업, 그냥 저절로 이루어지는 수업. 그런 수업을 만들어 봅시다. 간식도 준비하고, 돗자리도 준비하고, 봄날에 어울리는 노래도 준비합시다.

봄 햇살도 수업받으러 학생들에게 달려들 겁니다. 그러면 양산이 필요할 수 있습니다. 사진 촬영이나 짧은 동영상 제작도 과제로 제시하여 학생 투표를 통해 시상도 할 수 있습니다.

봄날 야외 수업, 학생들 기억에 평생 남을 겁니다. 버스 타고 내려서 사진만 찍고, 다시 버스 타고 학교로 돌아오는 무의미한 현장체험학습보다 더 많은 교육적 가치를 만들 수 있습니다. 경우에 따라 당신은 야외 수업 전문가가 될 수도 있습니다. 아무나 따라 할 수 없는 수업, 그래서 더 가치가 있는 수업을 만들 수도 있습니다.

공개 수업을 야외에서 시도해 보는 것도 나쁘지 않을 것 같다는 생각도 해 봅니다. 좁은 교실을 벗어나 벽이 사라지고 하늘이 천장인 열린 교실에서 열린 마음으로 수업하다 보면 열린 사고를 하는 열린 사람이 될 수 있습니다. 아직 교실이세요? 얼른 야외 수업 준비하셔서 밖으로 나가세요.

"애들아, 오늘은 밖에서 수업하자!"

당신의 이 한마디에 학생들의 환호성이 들려오는 듯합니다. 수업 시간에 그렇게 졸기만 했던 학생들의 생기 넘치는 새로운 면을 보게 될 겁니다. 앞선다는 것은 남들이 시도하지 않는 것을 하는 겁니다. 당신이 대한민국 야외 수업의 선구자 또는 야외 수업의 달인이 되는 것은 어떨까요?

행복을 위한 처방전 12

연 1회 이상 야외 수업 하기

- 교과 내용과 연계하여 야외 수업 아이디어를 만듭니다.
- 야외 수업 준비를 위해 학교 곳곳을 미리 다 둘러봅니다.
- 관련 부서 부장 교사 또는 교감 선생님께 미리 말씀드립니다.
- 간식, 돗자리도 준비하고, 사진 찍기 대회도 함께 해서 우수 작품을 시상합니다.

훌륭한 교사는 연봉순이 아니다

13일

거울아 거울아

거울아 거울아
이 세상에서 누가 제일 훌륭한 선생이니
하면,
짠하고 내가 나오길 기대했는데

거울아 거울아
이 세상에서 누가 제일 못난 선생이니
하니,
짠하고 내가 나타난다.

비웃는 아이들의 손가락이 총구처럼
거울 앞에 선 나를 겨누고
지난 수업 시간에 졸아서 혼쭐낸 아이는
좋아라 하며 더 신나게 배를 잡고 웃는데

나는 애써
썩은 미소로 태연함을 가장한다.

내 편이라고는 전혀 없는,
온통 적으로 둘러싸인 교실에서
금방이라도 울음이 나올 것만 같은데

두 눈에서 나오지 못한 것이
짠맛 나는 진땀으로 변해
이마부터 주르륵
미끄럼 타고 흐르는 것을
머리 넘기는 척 쓰윽
손으로 훔쳐낸다.

제발,
꿈이라면 좋겠다
하고 있을 때,

휴,
다행이다.
정말 꿈이었다.

부럽기는 합니다. 혼을 쏙 빼놓는 입담에, 연예인급 외모는 덤, 누적 수강 회원만 수백만 명에 이르고 일 년에 건물 한 채 값을 연봉으로 벌어들인다는 스타 강사. 일부 스타 강사의 경우에는 일 년에 낸 세금이 대한민국 교사가 평생 받는 월급보다도 많다고 합니다.

은행 계좌에 잠시 머물다가 사라지는 당신의 월급을 보면 '현타'가 올 만도 합니다.

당신은 자본이 지배하는 자본주의 세상에 살고 있습니다. 상품의 가치에 따라 가격이 정해진다고 믿는 세상입니다. 사람도 어느새 상품이 되어 자신의 가치를 월급, 연봉으로 평가받는 시대에 살고 있습니다. 인간의 가치를 돈으로만 환산한다는 것이 옳지 않다고 생각하면서도, 찾는 사람이 많으면 사람의 가치가 올라간다는 점을 인정하는 자본주의 입장에서 바라볼 때 아주 틀린 말도 아닙니다. 많이 혼란스럽습니다.

많은 젊은 교사들이 자신의 월급에 대해 불만족스러울 뿐만 아니라 이직까지 고민한다고 합니다.[13] 물가 상승을 쫓아가지 못하는 월급과 동결 수준인 각종 수당, 게다가 연금 혜택의 축소 등이 젊은 교사의 의욕을 떨어뜨립니다. 교사 월급이 적다고 불평해도 대한민국 국민 중에 거기에 동의해 주고 동정해 줄 사람이 그리 많아 보이지 않지만, 자신의 모습을 스타 강사랑 비교하면 자괴감을 느낍니다.

최근에는 스타 강사가 학생들을 대상으로 학습 지도를 해 주는 방송 프로그램도 생겨났습니다. 그걸 보자니 씁쓸함은 더합니다. 성적을 올리고 싶은 학생의 심정을 모르는 것은 아닙니다. 하지만 담임 선생님이나 학교에서 근무하는 교과 담당 선생님이 아니라, 스타 강사에게 성적 상담을 받는 현실이 학교 선생님의 떨어진 위상을 보여 주고 있다는 생각이 들었습니다. 그것도 텔레비전을 통해서 공개적으로 말입니다.

대한민국에서만 제작될 수 있는 기이한 방송 프로그램입니다. 대한민국 최고 연봉의 스타 강사가 직접 코칭해 주는 학생 맞춤형 학습법이니 학부모와 학생들의 관심이 높은 것은 당연합니다. 프로그램에 소개된 사례와 유사한 상황에 놓인 학생들에게 도움을 줄 수 있을 것이라는 방송 취지는 이해되지만, 대한민국 사교육의 엄청난 영향력을 보여 주는 것 같아 학교에 있는 교사로서 착잡한 마음이 생기는 것은 어쩔 수가 없습니다.

스타 강사 수업을 듣는 학생들은 이미 공부를 하겠다는 스스로의 동기가 충만한 학생들입니다. 하지만 학교에 있는 당신은 공부를 하려고 하는 학생과 공부를 포기한 학생을 교실에서 동시에 가르쳐야 합니다.

성실하지만 성적이 안 좋은 학생을 대상으로 코칭하는 프로그램보다는 공부하기 싫어하는 학생의 학습 동기를 부여하고 그들의 성적을 높여 주는 프로그램을 만들어 주기를 방송국에 제안해 봅니다. 거기서 더 나아가 반 전체, 또는 전교생 모두의 학업 성적을 끌어올리는 프로그램을 제작해 주기를 방송국에 제안해 봅니다. 그러면 대한민국 교육계에 종사하는 분들에게 많은 시사점을 줄 것이라 생각됩니다.

스타 강사와 학교 교사는 근본적으로 다른 존재입니다.
스타 강사와 학교 교사는 각자가 뛰는 경기장이 다릅니다.

겉으로 보면 같은 교과목을 가르치고 있어 마치 같은 교육 활동을 하고 있는 것처럼 보이지만 가르치는 수업 장면 이외에서의 생활은 전혀 다릅니다. 교육이란 아이템으로 자본주의 시장에서 사업을 하는 스타 강사와 자신이 하는 인생 사업이 학교 교육인 교사는 엄연히 다른 존재입니다.

스타 강사가 능력이 있다는 것과 학교 교사가 능력이 있다는 것은 서로 의미가 다릅니다. 스타 강사는 강의를 듣는 수강생들의 수가 곧 능력입니다. 양적으로 평가할 수 있는 능력입니다. 학교 교사는 수업 능력뿐만 아니라 학생 지도 능력, 업무 처리 능력, 대인 관계 능력 등을 종합적으로 고려해야 합니다. 양적으로 평가할 수 없는 능력입니다. 서로 같은 기준으로 능력을 평가할 수 없는 이유입니다.

스타 강사와 학교 교사는 학생을 바라보는 태도도 다릅니다. 스타 강사들이 간혹 학생들에게 현실 조언이라면서 '팩폭'을 날리는 짧은 영상을 볼 때가 있습니다. 물론 어떤 조언들은 학습에 도움이 되는 좋은 말들도 있습니다. 하지만 또 어떤 말들은 조언이라고 하기에는 민망한 발언들도 있습니다. 학생들의 노력과 능력을 다른 사람들과 끝없이 비교하고 부족함을 강조합니다. 교과 공부를 잘하는 것만이 학습 능력이 뛰어난 것이라 말하며 그렇지 못한 학생들을 비하하고 열등감을 느끼게 합니다.

어떤 발언들은 자신이 학생들보다 훨씬 우월한 존재임을 스스럼없이 드러냅니다. 자신의 높은 학력을 드러내며 자신들이 학생들과 다른 존재, 다른 세상에 사는 사람인 것처럼 능력의 차이를 더욱 부각시킵니다. 교사들이 이와 똑같은 조언을 학생들에게 했다면 스타 강사와 같은 대우를 받기는커녕 꼰대의 잔소리라 핀잔을 줄 겁니다. 심지어 앞, 뒷마디 몇 개 잘라서 들으면 학생 인권 침해 소지가 발생할 수도 있습니다.

당신은 당신의 능력을 제자보다 더 뛰어나다고 자랑하지 않습니다.
자신보다 더 뛰어난 제자가 나오기를 진심으로 바랄 뿐입니다.

설령 현재 보여 줄 수 있는 능력은 부족하더라도 앞으로 기대되는 학생의 성장과 잠재력에 당신은 더 집중합니다. 그리고 발전 가능성을 중심으로 긍정적인 견해를 학교생활기록부에 남기기 위해 노력합니다.

스타 강사는 자신보다 더 뛰어난 학생이 나오면 자신의 자리가 위협받게 됩니다. 그 학생은 더 높은 점수를 만들어 줄 또 다른 스타 강사를 찾아 떠날 겁니다. 사교육 시장에서는 한자리를 두고서 여러 강사가 동시에 경쟁합니다. 그 생존 방식이 학교 교사와 다릅니다. 물론, 더 치열하니까, 사교육 시장에서 생존하기 위해 온 힘을 다하니까, 거기서 살아남은 일부 스타 강사는 '스타'라는 칭호를 들을 만큼 출중한 강사는 맞습니다.

하지만 다른 사람을 밟고 올라서는 것이 인생에서의 생존 방식이고, 학생들도 그것을 따라야 한다고 가르치는 것. 우리는 이것을 교육이라고 말하지는 않습니다.

그러니 당신은 자신을 스타 강사와 비교할 필요가 없습니다. 학생들의 시험 점수를 높이는 것이 교육의 본질이 아닙니다. 스타 강사는 수업을 듣는 학생들의 시험 점수만 높이면 되지만, 당신은 가르치는 학생들의 학습력 향상을 고민해야 합니다.

학습력을 향상시킨다는 것과 시험 점수를 높인다는 것은 동일한 의미가 아닙니다. 학습력은 학생들이 자기 삶의 향상을 위해 스스로 배우고자 하는 힘을 의미합니다. 따라서 학습력을 향상시키고자 할 때는 인지적인 측면은 물론이고 정서적인 측면, 다른 학생들과의 관계, 소통 능력, 흥미와 관심, 창의력, 잠재력 등 학생의 성장을 위한 다른 요소들도 함께 고민해야 합니다.

시험 점수를 높이기 위해서 다른 것들은 신경 쓰지 않아도 된다고 가르친다면 그것은 교육이 아닙니다. 국어 성적만을 향상시키기 위해 국어 교사가 다른 과목을 공부해야 하는 시간마저 빼앗아 갈 정도로 많은 양의 학습 과제를 부여한다면 그건 올바른 교육이라 말할 수 없습니다. 오로지 점수 향상만을 위해 다른 과목 시간에 수학 문제를 풀고, 영어 단어를 외우는 것을 교육이라고 부르기에는 다소 민망합니다. 친구들이 학교 축제에 대해 논의하고 있을 때 혼자서 귀를 막고 문제집을 푸는 것이 옳은 것이라 이야기하는 교사는 없습니다.

스타 강사가 가르치는 것과 당신이 가르치는 것은 서로 다릅니다. 그 능력을 같은 기준으로 평가할 수 없습니다. 그러니, 경제적인 보상의 차이가 스타 강사와 당신의 능력 차이라고 생각하면 안 됩니다.

가치가 있으면 가격이 높은 것이 당연하지만 경제학 이론에서는 희소성의 원리에 의해 가치와 상관없이 가격이 높은 경우가 있다고 설명합니다. 다이아몬드와 물을 예로 들어 희소성의 원리를 설명할 수 있습니다. 다이아몬드가 물보다 생존의 측면에서 그 가치가 비교할 수 없을 정도로 낮지만 가격은 월등히 높습니다. 그 양이 희소하기 때문입니다.[14)]

다이아몬드와 물의 관계에서 스타 강사와 학교 교사의 가치에 대한 해답을 발견합니다. 대한민국에서 스타 강사는 희귀하지만, 훌륭한 교사는 많이 있다는 의미입니다. 연봉이 적은 것이 당신의 가치가 낮다는 것을 의미하지 않습니다. 잘 가르치는 만큼 경제적 보상이 따라야 한다고 생각했다면 당신은 처음부터 대한민국 교사를 직업으로 선택하지는 않았을 겁니다.

행복이 성적순이 아닌 것처럼, 훌륭한 교사는 연봉순이 아닙니다.

당신과 그리고 당신의 동료 선생님들은 높은 가치를 지닌 분들입니다. 대한민국의 모든 선생님들, 힘내시길 바랍니다. 그리고 거울을 보며 누가 제일 좋은 교사인지 묻지 맙시다. 스타 강사와 절대 비교하지 맙시다. 당연히 다른 동료 교사와도 절대 비교할 필요가 없습니다.

거울은 대답하지 않습니다.
단지 당신의 모습을 그대로 보여 줄 뿐입니다.

거울에게 어떤 답도 요구하지 맙시다. 당신이 훌륭하다고 하면 훌륭하다고, 당신이 못났다고 하면 못났다고, 똑같이 흉내 내어 거울은 말할 뿐입니다. 당신이 어떤 표정과 어떤 행동으로 거울 앞에 서느냐에 따라 거울은 그대로 비출 뿐입니다.

그러니 오늘부터 거울을 볼 때마다 웃는 표정을 지어 봅시다. 아침에 일어나서 부스스한 머리라 하더라도 웃어 봅시다. 쉬는 시간에 화장실에서 손을 씻더라도, 편안한 마음으로 웃어 봅시다. 그럼 웃는 표정의 당신이 보일 겁니다. 가장 멋진 모습으로 거울 앞에 서기 바랍니다. 그럼 가장 멋진 모습의 당신이 보일 겁니다. 좀 오래된 영화이기는 하지만 영화 '아비정전'에서 배우 장국영이 보여 준 맘보 댄스를 따라 해도 좋습니다.

흥이 난 당신의 모습, 신바람 난 당신의 모습.
카리스마 있는 근엄한 표정보다는 넉넉한 웃음을 가진 당신의 편안한 모습.
거울에 비친 그 모습이 세상에서 가장 훌륭한 당신의 모습입니다.

바로 그 모습이 당신의 진짜 모습입니다.

행복을 위한 처방전 13

거울 볼 때마다 입꼬리 올리고 웃기

- 무표정하거나 찡그린 표정보다는 상대방의 웃는 얼굴을 내가 좋아하는 것처럼 상대방도 나의 웃는 얼굴을 좋아한다는 것을 명심하고 늘 웃도록 합니다.
- 웃는 것도 연습해야 평소에도 자연스럽게 웃을 수 있다는 점을 기억하고, 거울을 볼 때마다 입꼬리를 올리고 웃는 표정을 지어 봅니다.
- 웃는 표정으로 수업 시간에 해야 할 말들, 회의 때 하고 싶은 말들을 미리 연습해 봅니다.

정답만을 강요하는 세상에서 해답 찾기

14일

알나리깔나리

달고,
맵고,
쓴 감정을

수많은 밤을 새워
날 것의 단어들에 담아
응축하고, 숙성시킨
어느 시인의 시가

사람들에게 알려지고,
교과서에 실리고,
교사가 가르치고,
학생들이 배우고,

여러 유능한 사람들이 머리를 짜내

주어진 시간 내에 빠른 속도로 풀어야 하는
수능 시험 문제로 출제되었죠.

뿌듯한 마음으로
문제를 풀어 본 시인.

알쏭달쏭,
오락가락,
알 듯 모를 듯 헷갈리지만
그렇지! 답은 2번!

하고 자신만만하게
정답지를 보았는데

아뿔싸!
정답이 5번?

"알나리깔나리 알나리깔나리, 자기가 쓴 시도 이해 못 하고, 틀렸대요, 틀렸대요."

똑똑한 정답지가
어안이 벙벙해진 시인을 바라보며
미치도록 비웃었다고 하네요.

실제 있었던 일입니다. 몇 해 전 서울시교육청 주관 전국연합평가에 최승호 시인의 「아마존 수족관」이란 시가 지문으로 엮이어 국어 문제로 출제되었습니다. 그런데 시를 창작한 최승호 시인이 그 문제를 한번 풀어 봤는데, 세 문제나 틀렸다고 어느 언론사의 인터뷰에서 밝혔습니다. 그러면서 객관식으로 구성된 문제 풀이 위주의 문학 교육을 비판했습니다.[15] 시인이 창작한 시가, 창작한 시인을 몰라보는 '웃픈' 일이 벌어진 것입니다.

자신이 쓴 시가 출제자의 의도에 의해 시의 의미가 달라졌습니다.
시인도 출제자의 의도를 알아야 자신의 시를 해석할 수 있게 되었습니다.

문제를 잘 풀기 위해 문학을 공부하는 것이 학교 교육의 현실입니다. 시를 쓴 사람 따로, 문제를 만드는 사람 따로. 문학 작품이 더 중요한지, 문제가 더 중요한지, 감상이 더 중요한지, 정답을 맞히는 것이 더 중요한지, 어느 것이 학교 교육에서 더 중요한지 선택하기가 혼란스러운 상황이 되었습니다.

학생들이 풀어야 할 시험 문제가 우리 사회가 풀어야 할 문제가 되었습니다.
학생들이 풀고 있는 문제는 누구를 위한 문제일까요?
정답을 맞힌다는 것은 어떤 능력이 있다는 의미일까요?

모든 문제에는 답이 있습니다. 그것을 해답 또는 정답이라고 합니다. 해

답은 사람들마다 자신이 가지고 있는 생각과 경험, 지식에 따라 달라질 수 있습니다. 하지만 다섯 개 중에 하나를 골라야 하는 오지선다의 객관식이라면 답은 당연히 하나일 수밖에 없습니다. 대한민국 학교 현장에서는 해답이 아니라, 정답을 더 중요하게 생각합니다.

유능하다는 인터넷 강사들, 족집게 학원 강사들은 다음과 말합니다. '출제자의 의도를 파악하라. 문제를 풀 때는 학생들 임의대로 해석하지 말고, 출제자의 의도만 생각하라.'라고 말입니다. 도대체 출제자의 의도를 왜 파악해야 할까요? 그 의도를 파악하는 것이 학생의 삶에 어떤 가치와 의미를 주는 걸까요?

출제자의 의도를 파악해야 정답을 맞힐 수 있다는 말은 문제를 출제한 주체가 자신들이 해석하고 있는 세계관을 문제를 푸는 대상에게 그냥 받아들이라는 강요의 메시지는 아닐까요? 이 같은 관점에서 보면 수험생은 출제자가 제시한 정답을 그냥 인정하고 수용하는 수동적인 자세를 갖는 것이 옳은 태도가 됩니다. 시 하나를 더 소개합니다.

수능 문제가 너에게 말한다

내가 인정한 것만 정답이다.
그것의 본질적인 의미는 생각하지 마라.

외워라.

비판하지 마라.
내 생각을 읽고 그대로 따르면서 살아가면 된다.
그러면 네가 원하는 것을 얻을 수 있다.
그것이 바르고 옳은 세상이다.

그렇습니다. 일부 수능 문제는 각자의 주관적인 해석과 근거는 중요하지 않다고, 가치가 없다고 말하는 듯합니다. 각 문항 〈보기〉의 생각을 참고해서 다섯 개 중에 출제자의 의도에 따라 정답을 고르라고만 하지, 선택한 답 이외에 그 어떤 생각도 학생에게 묻지 않습니다.

정답만을 요구하는 세상입니다.
정답만을 강요하는 세상입니다.
정답만이 옳다고 믿는 세상입니다.

그래서 자신이 내놓은 정답이 아닌 상대방이 내놓은 답은 '나와 다른 것'이 아니라, '너는 틀린 것'이라 말합니다. 자신이 주장한 의견만이 '옳은 것'이라 말합니다. 그러니 시인도 다양하게 해석하라고 만들어 놓은 자신의 시에서 출제자의 의도를 파악하지 못해 틀리게 되는 시험 문제가 만들어진 겁니다.

물론 상대방의 의도를 파악하는 것이 살아가는 데에 있어 도움은 됩니다. 하지만 그것은 상대방의 의도를 파악해서 서로 이해하고 양보할 때 의미가 있습니다. 상대방이 자신의 의도에 따라 제시한 정답만이 옳은 것이라고 맹목적으로 믿어서는 안 됩니다. 누군가가 옳다고 하는 것을 비판 없이 수용하는 사고는 획일주의적 사고관을 심어 줄 수 있습니다.

상대방의 의도를 잘 파악하는 것도 가르쳐야 하지만, 자신의 의도를 상대방에게 잘 표현하는 것도 가르쳐야 합니다. 상대방을 잘 이해하고 있다는 것이 상대방의 의견을 잘 따르겠다는 말은 아닙니다. 우리의 대입 수능에서 출제되는 시험 문제는 그런 점에서 아쉬움이 있습니다.

현재의 대입 수능 문제가 학생의 능력을 측정하기 위함인지, 출제자의 능력을 측정하기 위함인지 헷갈립니다.

수능 문제가 학생의 사고력을 묻는 것이 목적이라면, 학생들 각자의 논리적인 근거와 그 해답을 들을 수 있어야 합니다. 하나의 질문에 여러 개의 답이 나올 수 있는 열린 생각, 개방적인 생각을 들을 수 있어야 합니다. 그것이 우리 사회가 추구하는 정의로운 가치입니다. 개인이 추구하는 가치를 사회 구성원들이 존중해 줄 때, 모두가 행복한 사회가 될 수 있습니다.

인도나 네팔을 다녀오신 분들은 아실 겁니다. 그 나라 사람들은 상대방을 만나면 두 손을 모으고 인사를 하면서 '나마스테(Namaste)'라고 합니다. 나마스테는 두 개의 산스크리트어 단어 'namah(경의를 표하다)'와 'te(너에게)'를 합친 말로 '당신을 존중한다'는 의미를 지니는 말입니다. 그리고 더 나아가 '당신이 믿는 신, 또한 존중한다'는 의미도 함께 가지고 있습니다. 자신이 생각하는 정답만을 강요하는 우리에게도 '나마스테'와 같은 의미를 지닌 단어가 있었으면 좋겠습니다.

각자가 옳다고 믿는 것에 대해 서로 인정하고 존중해 주는 것, 그 과정에서 갈등을 원만하게 해결해 나가며 함께 공존하는 것, 그것이 학교에서 필요한 교육이 아닐까 생각합니다.

출제자가 학생들에게 정답을 강요하는 것처럼, 우리도 학생들에게 정답만을 강요하는 수업을 하고 있는 것은 아닌지 반성해 보아야겠습니다.

오늘은 수업 시간에 학생들에게 지금까지 배운 것이 무엇인지, 어떤 것이 기억에 남았는지, 그것이 왜 기억에 남았는지, 앞으로 무엇을 더 배우고 싶은지 적어 보는 시간을 가져 볼까 합니다.

또한 선생님이 수업에서 말한 것 중에서 자신의 생각과 다르다고 느낀 것은 무엇인지, 왜 그렇게 생각하는지 적어 보라고 할 겁니다. 그래서, 이미 정해진 정답만을 강요하는 세상에서 학생들이 내놓은 해답을 들어 볼까 합니다.

행복을 위한 처방전 14

매 학기 마지막 시간에 수업에 대해 학생들로부터 피드백 받기

- 한 학기 동안 학생들이 수업을 통해 알게 된 것, 더 배우고 싶은 것, 성장하게 된 것, 아쉬운 것, 기타 선생님께 하고 싶은 말 등을 작성하게 하고 학교생활기록부의 '교과학습발달상황 세부능력 및 특기사항' 내용을 작성할 때 참고합니다.
- 피드백 내용을 잘 검토해서 다음 학기 수업을 위해 보완해 나갑니다.

3주 차

학생을 만나면 마냥 즐거울 줄 알았습니다만

어린 제자가 스승의 뒤를 따르다 실수로 그만 스승의 그림자를 밟았습니다.
"제자는 스승의 그림자를 밟지 않아야 한다."
스승이 점잖게 제자를 나무랐습니다.
그러자, 제자는 입술을 삐죽거리며 답했습니다.
"그건 스승님의 생각입니다. 스승의 그림자가 제자의 몸을 덮어서는 안 됩니다."

스승의 영향력이 학생의 능력을 덮는 일이 있어서는 안 됩니다.
제자만 스승을 존중해야 할 것이 아니라, 스승도 제자를 존중해야 합니다.

학생에게 쓰는
선생님의 반성문

15일

그땐 몰랐지

교과서를 가르치려고만 했지,
네가 무엇을 궁금해하는지는 몰랐지.

바르게 앉으라고 다그치기만 했지,
체육 시간에 허리가 다친 줄은 몰랐지.

자율학습 시간에 떠들지 말라고만 했지,
친구 고민을 상담해 주고 있는지는 몰랐지.

조용히 밥 빨리 먹고 급식소에서 나가라고만 했지,
학교에서 친구들과 웃고 떠드는 유일한 시간인지는 몰랐지.

수업 시간에 졸지 말라고만 했지,
병상에 계신 부모님 대신해 늦은 시간까지 아르바이트하는지는 몰랐지.

점수에 맞춰 대학을 골라야 한다고만 했지,
네가 좋아하는 것, 네 꿈이 무엇인지는 몰랐지.

그때는 다 네 잘못이라고만 했지,
그 모든 것들이 내가 잘못하고 있었다는 것을
그땐 몰랐지.

저마다 교사라는 직업을 선택한 이유가 다양할 겁니다. 안정적이어서, 연금을 받을 수 있어서, 정시에 퇴근할 수 있어서, 근무 여건이 다른 직장에 비하면 좋은 편이라서, 방학이 있어서, 가르치는 것이 좋아서, 학창 시절 담임 선생님께서 추천해 주셔서, 좋아하는 과목이어서, 아이들이 좋아서, 점수에 맞춰서….

뭐든 상관없습니다. 당신이 교사를 선택한 이유가 단 한 가지뿐이라고 생각하지 않습니다. 우선순위가 서로 다를 수 있겠지만 위에서 제시한 이유 중에 최소한 한두 가지 이상이 교직을 선택한 이유일 것입니다.

하지만 당신이 교사가 된 이유보다도 먼저 생각해야 하는 것이 있습니다.
바로 학생입니다.

오늘은 당신 앞에서 내 이야기를 조금 할까 합니다. 임용 전에 학원에서 학생들을 몇 년 동안 가르친 경험은 있었지만, 임용 고사를 통해 공립학교 교사로 첫 발령을 받은 것은 2002년이었습니다. 그로부터 약 20년 이상이 훌쩍 지났습니다.

올해를 기준으로 고등학교에서 16년, 중학교에서 6년을 근무했습니다. 수업을 통해 새로 만나는 학생을 해마다 100명 정도라고 계산하면 수업 시간에 가르친 학생 수가 2,000명을 넘습니다. 특히 고등학교 3학년 담임 7년을 포함해서 학급 담임 업무를 14년간 해 왔습니다. 14년 담임 생활을 하면서 담임으로 만났던 학생들의 수를 헤아려 보니 총 419명이었습니다. 419명 모두가 기억에 남는다고는 감히 장담할 수는 없지만, 지난 시절의 사진을 보고 이름을 불러 보니 아련했던 옛 기억들이 하나둘씩 떠오릅니다.

'KBS 도전 골든벨'이라는 방송 프로그램에서 골든벨을 울린 제자, 수많은 수능 문제에서 단 하나만 틀려 도내 수석을 한 제자, 한때 유명세를 탔던 '고3의 발악'이라는 동영상을 만든 제자, 국어 교사가 되어 졸업식 날 약속했던 것처럼 같은 학교, 같은 학년의 담임 교사로 함께 근무한 제자….

어찌 이 학생들만 기억에 있겠습니까. 근무지를 옮겼어도 그 먼 곳까지 찾아와 주는 제자, 깨알 편지를 정성스럽게 보내 준 제자, 매년 전화나 문자로 안부를 묻는 제자…. 생각만 해도 흐뭇한 제자들이 넘치고 넘치죠. 아, 그리고 자녀가 졸업한 지가 10년, 20년이 지났어도 아직까지 연락을 주고받는 좋은 학부모님들도 만났습니다. 주제에 넘치는 복을 받으며 교직 생활을 해 온 것이지요.

하지만 행복한 추억만 있는 것은 결코 아닙니다. 마음의 빚을 지고 있는 제자들도 있습니다. 담임으로서 실패한 경험도 있었습니다. 학생들의 마음에 상처를 줬던 시절도 있었습니다. 초심을 잃고 욕심만 컸던 시절이 있었음을 고백합니다.

뭐 그리 대단한 것도 없는 과거의 업적을 자랑삼으며 매너리즘에 빠져 동료 교사나 후배 교사들에게 거들먹거리던 부끄럽고 낯 뜨거운 시절도 있었습니다. 학생들의 신임을 얻지 못하고 서로의 소통이 원활하지 않았던 적이 있었습니다. 학생들의 감정을 세세하게 돌보지 못하고 내 입장에서만 생각했던 적이 있었습니다. 학생들이 바라는 것이 무엇인지 그들을 통해 알려고 하지 않고, 내 경험만 옳다고 믿으며 제멋대로 판단했던 시절이 있었습니다.

몸에 힘이 들어가니 수업이 잘될 리가 없었습니다. 다른 반에서 잘 먹혔던 농담도 담임 반에서 하면, 분위기를 살리기는커녕 어색한 진담이 되어 더 고요해지는 수업 분위기를 만들었습니다. 미묘한 긴장감 속에서 수업을 진행하니 등에서는 식은땀이 흐르기도 했습니다. 교실에 들어서면 숨이 막혀 오는 듯한 답답함으로 힘겹던 시절이 있었습니다.

선생님이 되면 마냥 좋을 줄 알았습니다만, 사실 학교 가는 것이 두려웠던 시절이 내게도 있었습니다.

빨리 한 해가 지나기를 바랐습니다. 그 시절을 보낸 학생들에게 미안할 따름입니다. 그들의 소중한 시간을 내가 망쳐 놓았습니다. 지난해에 효과 있었다고 생각했던 교육 방법들이 항상 옳을 것이라 오판했습니다.

시대가 바뀌고 상황이 바뀌었을 뿐만 아니라 학생들도 모두 바뀌었는데, 그 변화를 보지 못했고 그들의 특성을 파악하는 것도 등한시했습니다. 인성 교육을 한답시고 생활 지도에 지나치게 집착하며 사소한 실수도 용납하지 않았습니다. 학업 성적 향상에 도움이 된다고 믿고서 다른 학생들과의 비교를 통한 차별적인 언행도 했습니다.

잘못된 관행들을 소신 있는 가르침이라고 믿으며 지나온 시간들이 너무나 부끄럽습니다. 학생이 문제가 있었던 것이 아니라, 내가 문제가 있었던 것인데 그때는 몰랐습니다.

이제는 섣불리 판단하지 않으려고 합니다.

학생들에 대해서 그리고 교육에 대해서.

완벽하지 않은 사람이 잠재력이 무궁무진한 학생들을 엉뚱하게 가르쳤습니다. 내가 할 수 있는 일은 그들이 지닌 잠재력이 발현될 수 있도록 도와주는 것. 이제는 내가 알고 있었던 대로, 내 뜻대로만 하지 않겠습니다. 아니, 내 뜻이란 애당초 없습니다. 내 뜻대로 할 수 있는 일은 그 영향이 내게 미칠 일로 한정할 겁니다.

이제는 학생들에게 친절할 겁니다. 학생들이 설령 남들이 보기에도 바르지 못한 태도와 자세를 보인다고 하더라도 그것이 나에 대한 평가라고 생각하지 않으려 합니다. 그 학생에게 뭔가 다른 일이 있어서 그런 것이라 생각할 겁니다. “선생님에게 하는 말투와 태도가 왜 이래?” 하고 다그치지 않을 겁니다. 대신에 "너 오늘 무슨 일이 있니?"라고 물어볼 겁니다.

돌이켜 보면 그 모든 순간들이 성장의 과정입니다.
성숙의 길로 나아가기 위한 과정입니다.

남은 교직 생활, 이제는 익어 갈 겁니다. 실체가 없는 학교를 위한다는 말은 하지 않겠습니다. 학생을 위해 학교에 있을 겁니다. 거기에 내 힘을 쏟을 겁니다. 나로 인해 상처를 받은 학생들에게 진심으로 사과드리며 용서를 구합니다. 그리고 학생들에게 반성문을 씁니다.

미안합니다.
사과가 많이 늦어서 죄송합니다.
제가 부족했습니다.
제 욕심만 컸습니다.
저를 원망하셔도 좋습니다.
마음의 상처를 드려 정말 죄송합니다.
우리의 인연이 얼마나 소중한 것이었는지를 그땐 몰랐습니다.
그대들에게 용서를 구합니다.
그대들이 항상 행복했으면 좋겠습니다.
진심입니다.
하고픈 말이 있는 분은 언제든지 연락 주시기 바랍니다.
기다리겠습니다.

부디,

저의 실수를 용서해 주기 바랍니다.

혹시라도 이 글을 읽지 못한 학생들이 있을 수 있습니다. 그들을 대신해서 당신이 나를 용서해 주기 바랍니다. 오늘은 당신이 나를 응원해 줄 차례입니다. '힘내라고, 괜찮다고….'

큰 위로와 위안이 됩니다. 정말 고맙습니다.

행복을 위한 처방전 15

나로 인해 상처받았을 학생을 생각하며 반성문 쓰기

- 용서를 빌고자 하는 학생을 떠올리고, 그 학생에게 반성문을 씁니다.
- 수업 시간에 한 번도 이름을 불러 준 적이 없었던 학생들을 생각하며 그 학생에게 반성문을 씁니다.
- 그리고 내게 상처를 준 학생을 지금까지 용서하지 못한 것에 대해 스스로에게 반성문을 씁니다.

가르치려고 하지 마라, 그냥 사랑하라

16일

그냥 사랑하라 1

가르치지 않아도
새는 날더라.

배우지 않아도
꽃은 피더라.

너 또한
스스로 네가 되어 갈 것이니

가르치려고 하지 마라.
배우려고 하지 마라.
그냥 사랑하라.

배움이란 무엇일까요? 가르침이란 무엇일까요? 학생들은 무엇을 배우고 있을까요? 학교에서 무엇을 가르쳐야 하는 걸까요? 그것을 어떻게 가르쳐야 할까요? 지금 당신은 학생들을 제대로 가르치고 있는지요.

당신에게 묻습니다.
당신은 당신만의 '나다움의 교육'이 있는지요?

사람들은 자신이 생각하는 방식대로 세상을 해석하고, 그에 따라 행동하며 살아갑니다. 교사들은 교육에 대한 자신만의 관점이 있고, 그 관점에 따라 교육 활동을 합니다. 당신과 동료 교사는 각자가 생각하는 '나다움의 교육'이 있기에, 학교에서 서로 옳다고 생각하는 것들이 다를 수 있습니다. 같은 자리에서 같은 주제를 놓고 이야기를 하더라도 서로의 생각이 다르면 합의에 이르기가 쉽지 않습니다.

교육에 대한 서로의 생각을 존중해 주면서 각자의 가치관대로 교육 활동을 하면 가장 이상적이겠지만, 다양함에서 오는 혼란은 피해야 합니다. 그래서 국가 차원에서 교육의 목적, 내용, 평가 등에 대해 하위 교육과정의 기초가 될 만한 기준과 방향을 제시하게 됩니다. 그것을 명시해 놓은 것이 국가 수준의 교육과정입니다. 국가 수준의 교육과정은 국가에서 시행하는 공교육을 위한 기본 지침서, 안내서라 할 수 있습니다.

교육학을 공부한 분들이라면 다들 알고 있겠지만 교육과정, 영어의 커리큘럼(curriculum)은 말이 뛰는 경마장이란 의미를 지니는 라틴어를 기원으로 하고 있습니다. 우리의 학교 교육도 잘 조성된 경마장에서 경주

마들이 달리듯이 잘 정리된 교육과정에 따라 학생들을 가르칩니다.

가장 최근에 바뀐 2022 개정 교육과정에서 추구하는 인간상은 '자기주도적인 사람, 창의적인 사람, 교양 있는 사람, 더불어 사는 사람'입니다. 그리고 학교 교육을 통해 갖추어야 할 핵심 역량은 '자기 관리 역량, 지식정보처리 역량, 창의적 사고 역량, 심미적 감성 역량, 협력적 소통 역량, 공동체 역량'으로 이를 교육과정에 명확하게 제시해 놓았습니다.

교육과정에서 추구하는 인간상과 핵심 역량은 우리나라 교육기본법에 제시한 내용을 근간으로 하고 있습니다. 우리나라 교육기본법에는 학교 교육에 관해 다음과 같이 명시하고 있습니다.

제2조(교육이념) 교육은 홍익인간(弘益人間)의 이념 아래 모든 국민으로 하여금 인격을 도야(陶冶)하고 자주적 생활능력과 민주시민으로서 필요한 자질을 갖추게 함으로써 인간다운 삶을 영위하게 하고 민주국가의 발전과 인류공영(人類共榮)의 이상을 실현하는 데에 이바지하게 함을 목적으로 한다.

제9조(학교교육) ① 유아교육 · 초등교육 · 중등교육 및 고등교육을 하기 위하여 학교를 둔다.

② 학교는 공공성을 가지며, 학생의 교육 외에 학술 및 문화적 전통의 유지 · 발전과 주민의 평생교육을 위하여 노력하여야 한다.

③ 학교교육은 학생의 창의력 계발 및 인성(人性) 함양을 포함한 전인적(全人的) 교육을 중시하여 이루어져야 한다.

④ 학교의 종류와 학교의 설립 · 경영 등 학교교육에 관한 기본적인 사항은 따로 법률로 정한다.

대한민국 정부가 수립되고 한국 전쟁이 끝난 1954년 제1차 교육과정을 시작으로, 1963년 2차, 1973년 3차, 1981년 4차, 1987년 5차, 1992년 6차, 1997년 7차 교육과정으로 불리며 교육과정을 순차적으로 개정해 왔습니다.[16] 그리고 제7차 교육과정 이후에는 'ㅇ차'라는 용어를 대신하여, 개정된 해를 기준으로 '2007년 개정 교육과정', '2009년 개정 교육과정', '2015년 개정 교육과정', '2022년 개정 교육과정'이란 이름으로 교육과정이 바뀌어 오고 있습니다.

대한민국의 교육과정이 처음 생긴 이래로 지금까지 약 70년 동안 열한 번의 개정이 있었습니다. 7년에 한 번꼴로 바뀌어 온 셈입니다.

열한 번의 개정이 의미하는 것이 변화하는 시대에 발맞춰 재빠른 대응이 돋보였다고 해야 할지, 아니면 자주 바뀌는 교육과정으로 인해 혼선이 더 많았다고 해야 할지는 서로의 입장과 관점에 따라 다를 겁니다.

시대와 상황이 바뀌면 그에 따라 교육과정도 바뀌는 것이 이치에 맞습니다. 조선 시대에 공부해야 하는 내용과 지금 공부해야 하는 내용이 같아서는 안 됩니다. 하지만 또 한편으로 생각해 보면 조선 시대에 공부해야 하는 것과 지금 공부해야 하는 것 중 변하지 않는 것도 분명히 있습니다. 열한 차례 바뀐 교육과정에서 변한 것과 변하지 않는 것이 무엇인지를 구별해 내는 것이 중요합니다.

본질적인 것과 부수적인 것을 구별해야 합니다. 변하지 않을 교육의 목적와 목표, 그리고 방법을 선별해야 합니다. 중요한 것의 우선순위를 구별해야 합니다. 변하지 않을 진리를 찾기 위해 교육과정에서 반복되는 단어들을 당신과 함께 다시 생각해 봅니다. '학교와 교육, 교사와 학생, 가르침(교수)과 배움(학습), 평가와 성장.'

도대체 학교란, 교육이란, 교사란, 학생이란, 가르침이란, 배움이란, 평가란, 성장이란 무엇일까요? 이 단어들에 대한 당신만의 정의가 있는지 궁금합니다.

지금 당장 없어도 괜찮습니다. 20년 이상 학교에서 학생들을 가르쳐 온 나 역시도 아직 그 의미를 찾아 가고 있는 과정에 있습니다. 커다란 돌덩이 하나 앞에 두고서 오랜 시간을 깎고 다듬는 조각가처럼 오늘도 나만의 정의를 만들어 가고 있습니다. 그리고 그 조각품의 차이가, 단어에 대한 각자의 정의가 '나다움의 교육'을 만드는 기반이 되겠죠. 내가 생각하는 교육은 다음과 같습니다.

교육이란 배움이 필요한 사람에게 인간다움과 자기다움을 갖추기 위해 꼭 필요한 것들을 적절한 시기에, 적절한 방법으로 배울 수 있도록 도와주는 것입니다.

배움이 필요한 사람은 학생이고, 도와주는 사람은 교사입니다. 학생을 꽃에 비유하면 학교는 꽃을 가꾸는 정원이고, 교사는 정원사입니다. 정원에 심은 꽃들이 본래 가진 고유의 빛깔과 모양으로 자신이 피어날 수 있는 계절에 잘 피어날 수 있도록 도와주는 것이 정원사의 역할입니다.

'콩 심은 데 콩 나고, 팥 심은 데 팥 난다.'라는 속담이 있습니다. 콩에서 콩이 나고, 팥에서 팥이 나지, 콩이 팥이 될 수 없고, 팥이 콩이 될 수는 없습니다. 민들레 씨앗에서 민들레가 자라고, 코스모스 씨앗에서 코스모스가 자랍니다. 파종 시기가 비슷하다고 해도 민들레는 봄에 피어나고, 코스모스는 가을에 피어납니다. 꽃마다 피어나는 계절이 다릅니다. 심지어 같은 종류의 꽃씨를 같은 날, 같은 밭에 동시에 뿌렸다고 해도 같은 날, 동시에 꽃을 피우지는 않습니다.

정원사가 다른 꽃보다 성장이 늦다고 성장이 늦은 꽃의 줄기를 위로 잡아당기면 꽃은 죽습니다. 정원사는 씨앗이 민들레 씨앗인지 코스모스 씨앗인지 구별할 수는 있지만, 그 씨앗에서 몇 송이의 꽃이 피어날지는 모릅니다. 그 씨앗이 지닌 꽃의 수가 바로 그 학생이 지닌 잠재력의 크기입니다. 학생의 잠재력을 섣불리 예단할 수 없는 이유입니다.

씨를 뿌린 후 정원사가 해야 할 일은 보살핌입니다. 정원사의 역할은 꽃의 종류에 따라 꽃이 잘 성장할 수 있도록 햇빛과 온도를 조절해 주고 적당한 물과 양분을 주는 것입니다. 가끔 진드기가 달라붙으면 약을 쳐야 할 때도 있습니다. 그러기 위해서는 가꾸는 꽃을 자주 들여다보고 무엇이 필요한지 관심을 가져야 합니다. 적절한 시기에, 적절한 것을, 적당한 양으로 주어야만 합니다. 그리고 그 성장 과정을 꾸준히 관찰하면서 보살펴 주어야 합니다. 그 모든 과정에서 필요한 것은 꽃에 대한 사랑입니다. 교육도 마찬가지입니다.

> 교육도 사랑이 필요합니다. 사랑으로 가르쳐야 합니다.
> 사랑이 없는 교육과정은 그럴싸하게 잘 다듬어 놓은 문장들의 덩어리라는 것 외에는 아무런 의미도, 가치도 가질 수가 없습니다.

학생들은 학교라는 잘 조성된 경마장에서 정해진 규칙에 따라 달리는 말처럼 보입니다. 혹시라도 자신이 달리는 이유도 모른 채 무한 반복되는 순위 경쟁만을 하는 것은 아닌지 우려스럽습니다. 가르침에 대한 또 하나의 단상을 소개합니다.

그냥 사랑하라 2

꽃을 가꾸려고 하지 마라.
그들을 키우려고 하지 마라.

꽃을 사랑하라.
그냥 그들을 사랑하라.

그렇습니다. 가르침은 사랑입니다. 사랑으로 가르쳐야 합니다. 사랑은 사랑하는 사람이 일방적으로 건넨다고 해서 상대방이 받을 수 있는 것이 아닙니다. 학생들이 사랑을 받고 있다고 느낄 수 있어야 합니다. 사랑한다고 말하고, 사랑을 행동으로 보여 주어야 합니다.

평안한 교실이 되도록 해야 합니다.
웃음이 넘치는 교실이 되도록 해야 합니다.
배려와 친절함이 가득한 교실이 되도록 해야 합니다.
서로 경쟁하는 교실보다는 서로 돕는 교실이 되어야 합니다.

교육이 사랑이라고 말할 수 있을 때, 학생들에게 어떻게 가르쳐야 하는지 깨닫게 됩니다. 열한 차례 바뀐 대한민국의 교육과정이 과연 학생에 대한 사랑을 담고 있었는지 의문이 듭니다. 앞으로 바뀔 교육과정에는 학생에 대한 사랑을 확인할 수 있는 교육과정이었으면 좋겠습니다. 법조문처럼 딱딱한 문장이 아니라, 사랑스러운 단어들로 따뜻함이 묻어 나오는 교육과정이었으면 좋겠습니다.

다음 개정 교육과정에서는 추구하는 인간상을 '자기를 사랑하는 사람, 다른 사람을 사랑하는 사람, 세상을 사랑하는 사람'이라고 하면 좋겠습니다. 그리고 학교 교육을 통해 갖추어야 할 핵심 역량은 '자신과 타인에게 사랑을 베풀 줄 아는 역량'이었으면 좋겠습니다.

학생들에게 사랑을 가르치려면 먼저 교사가 사랑을 알아야겠지요. 해야 하는 것을 알면서도 사랑만큼 실천하기 어려운 것이 있을까요? 해마다 부정부패 방지를 위해 공직자행동강령에 관한 연수를 듣고, 청렴서약서를 작성합니다.

이처럼 학생들과 수업하고, 상담할 때에도 마음속으로 자신만의 '학생 사랑 서약서'를 작성해 봅시다.

어쩌면 당신은 이미 사랑을 베풀고 있어서 '학생 사랑 서약서'가 필요 없는 선생님일 겁니다. 아니면 당신은 학생들에게 더 많은 사랑을 베풀려다가 오히려 더 큰 상처를 받은 경험이 있었을지도 모르겠습니다. 그래서 지금은 다친 상처를 치유하는 중일 수도 있습니다.

조금 더 시간이 지나 그 상처가 다 아물고 거기에 새살이 돋으면 당신의 경험담을 나와 다른 사람에게 들려주기 바랍니다. 하지만 당신이 학생들에게 베푼 사랑은 나중에 반드시 당신에게 더 큰 사랑으로 되돌아올 거라 확신합니다. 당신이 학생들에게 베푼 사랑법을 열심히 배워서 나도 당신처럼 학생들을 사랑하겠습니다.

지금까지 학생에 대한 사랑이 너무나도 부족한 나였습니다. 처음부터 안 된다고 생각하기보다는 실천해 나가면서 보완해 나가겠습니다. 용기를 내겠습니다. 그래서 나만의 학생 사랑법을 만들겠습니다. 이제부터 학생들을 더 사랑하는 내가 되겠습니다. 힘내라고 응원해 주기 바랍니다. 오늘은 당신이 제게 명령해 주기 바랍니다.

"가르치려고 하지 마라. 그냥 사랑하라."

행복을 위한 처방전 16

교실 문을 열고 들어가기 전에 문 앞에서 '나는 학생들을 사랑한다.'라고 마음속으로 외치기

- 교실에 들어가기 전에 얼굴에 미소를 짓고, 그 표정으로 학생들에게 인사합니다.
- 교실에 들어섰을 때 엎드려 자거나 딴짓하는 학생에 초점을 맞추지 말고, 자신과 눈을 마주치고 있는 학생을 찾아서 그들을 바라보며 웃으면서 인사합니다.
- 그리고 눈인사를 나눈 학생과는 수업 중이나 수업이 끝난 후에 가벼운 대화를 나누며 친밀한 관계를 만들어 나갑니다.

당신은 삶의 주인입니까,
꼭두각시입니까?

꼭두각시

어두운 무대와
한가운데 환한 조명

내 몸을 흔드는
하늘 위 손은 보이지 않고

나는,
춤춘다.

줄의 요동에 따라
주인님의 손놀림에 따라
때론 내 키보다 높게 뛰며
관절이 여기저기 제각기 꺾이는 것인데

나는,
줄에 연결된 덩어리일 뿐.

줄을 놓으면
무거운 중력으로
찬 바닥에 사정없이 내팽개쳐질
무기력한 조각들의 집합일 뿐.

내 것이 아닌,
내 것이라 할 수 없는,
나는.

학창 시절이 떠오릅니다. 1980년대 말, 1990년대 초에 고등학생이었던 나는 바로 위 선배들과 비교할 때, 그래도 제법 분위기 좋은 고등학교 시절을 보냈습니다. 1987년 민주화 항쟁 이후 사회 분위기는 강압적이고 권위적이던 시대를 지나 민주적이고 자유를 추구하는 시대로 바뀌게 됩니다.

수능이 아닌 학력고사를 치른 거의 마지막 세대로서 학창 시절 교복을 단 한 번도 입지 않았고, 학교에서의 두발 규정도 선배들에 비해 훨씬 자유로웠습니다. 남학생에게는 오로지 빡빡 깎은 스포츠머리만 허용했던 학교 규칙이 가르마를 탈 수 있을 정도의 머리 길이도 허용하는 걸로 바뀌었습니다. 그 당시 학교에서 남들보다 머리 길이가 조금이라도 더 길다는 것은 남학생들 사이에서는 단순한 멋을 넘어서는 의미가 있었습니다.

머리를 기른다는 것은 남들과 구별되는 자신만의 정체성을 드러내는 겁니다.
또한, 기존 질서라 불리는 교칙에 대한 항거, 제도에서 벗어난 자유로움의 상징인 겁니다.

바로 그 시기에 긴 머리를 바람에 휘날리며 자유를 만끽하는 것처럼 보이는 부러운 남성들이 있었으니, 바로 해외에서 활동하는 헤비메탈 가수와 연주자였습니다. 당연히 헤비메탈 가수와 연주자들은 빡빡 깎은 스포츠머리로 그들의 헤드뱅잉(Head Banging)을 따라 했던 남학생들의 우상이었습니다.
그 수많은 헤비메탈 밴드 중에서도 가장 인기 있었던 밴드는 메탈리카(Metallica)였습니다. 많은 히트곡을 만들어 온 메탈리카는 2006년, 2017년 두 번의 내한 공연을 할 정도로 해외에서는 물론, 국내에서도 인기가 좋은 밴드입니다. 지금은 주요 멤버들의 나이가 환갑을 지났지만, 아직도 전 세계를 순회하며 열정적인 콘서트를 이어 가고 있습니다. 나 역시 이 밴드를 너무나 좋아해서 대학 시절 들고 다녔던 '삐삐'라는 무선 호출기의 배경 음악으로 그들의 연주곡인 〈Orion〉의 전주 부분을 배경 음악으로 설정해 두기도 했었습니다.

수많은 히트곡을 만들어 낸 메탈리카. 그중에서도 최고의 명곡을 꼽으라고 하면 당연코 〈Master of Puppets〉입니다. 유튜브 검색창에 'mas…' 이렇게 세 개의 스펠링만 입력해도 〈Master of Puppets〉가 가장 상위에 뜰 만큼 관련 영상이 다양하게 존재합니다. 또한 각 영상의 조회 수가 수천만 회 이상에 이를 정도로 헤비메탈 장르에서는 '불후의 명곡' 입니다. 그래서 전기 기타 좀 친다는 사람이라면 누구나 연주할 수 있어야 하는 노래입니다. 속도감 있는 전자 기타 리듬과 강렬한 드럼 비트의 사운드로 듣는 사람의 심장을 쿵쾅거리게 하고, 피를 뜨겁게 만드는 〈Master of Puppets〉.

이 노래의 제목을 직역하면 Master는 '주인'이고 Puppet(s)는 '인형 또는 꼭두각시'를 의미하니까 '꼭두각시의 주인'으로 해석할 수 있습니다.

여기에 상징적 의미를 더하면 Master는 '조종하는 자', Puppet(s)은 '조종을 당하는 자(들)'가 됩니다. 노래 가사는 일반적으로 '마약과 그 중독자' 에 대한 노래로 해석하지만 상징적인 의미에 따라 다양한 해석이 가능하니 음악을 듣는 사람의 처지와 상황에 따라 각자 새로운 의미를 붙여 볼 수 있을 겁니다.

– Master는 '능동적인 자, 지배자, 조종하는 자.'
– Puppet(s)는 '수동적인 자(들), 피지배자(들), 조종을 당하는 자(들)'

학교를 중심으로 'Master'와 'Puppet'을 해석해 볼까 합니다. 과거에 학습자라고 하면 수동적으로 교사의 가르침을 따르는 사람이었습니다. 하지만 지금의 교육과정에서 학습자는 자기 스스로 학습하는 사람이 되어야 합니다. 'Puppet'이 아니라 'Master'가 되어야 합니다.

그렇다고 'Master'는 자기 기분 내키는 대로 행동하는 사람이 아닙니다.

가게의 사장님처럼, 대기업의 회장님처럼 주인 의식이 있어야 합니다. 리더십은 물론이고 자신이 하는 일에 대한 사명감과 함께 직원들에 대한 책임감을 가지고 있어야 하며 성장하려는 강한 의지가 있어야 합니다.

학교에서 'Master'와 'Puppet'은 하는 일로 구분하는 것이 아니라, 자신이 하는 일에 주인 의식이 있느냐 없느냐로 갈립니다. 교사가 'Master'이고 학생이 'Puppet'이 아니라, 교사 중에서도 'Master'와 'Puppet'이 있고, 학생 중에서도 'Master'와 'Puppet'이 있다는 말입니다.

당신은 어떤 모습으로 살아가고 계십니까?
당신은 삶의 주인입니까, 꼭두각시입니까?

교사는 학생이 자기 삶의 주인이 될 수 있도록 가르쳐야 합니다. 교사는 학생들이 스스로 일어설 수 있도록 교육이라는 행위를 통해 도와주어야 합니다. 학생은 자신이 느끼는 리듬과 감정에 따라 스스로 안무를 만들고, 자신만의 춤을 출 줄 알아야 합니다. 학생들에게 주인 의식을 가르치기 위해서는 무엇보다도 교사가 주인 의식을 가져야 합니다. 아는 자가 가르칠 수 있는 겁니다. 경험한 자가 가르칠 수 있는 겁니다. 교사가 먼저 자기 삶의 주인이 되어야 하는 이유입니다.

'자기 삶의 주인으로 살아가는 교사'가 '자기 삶의 주인으로 살아가는 학생'을 도울 수가 있습니다.

대한민국의 학생은 네모난 교실, 딱딱한 의자에 앉아 적어도 하루 6시간에서 많게는 10시간 이상의 수업을 받습니다. 그렇게 12년의 학교 교육을 받습니다. 당신은 그 학생의 교육 기간 중에 최소한 1/12의 책임을 맡고 있습니다. 당신은 그 기간 중에 학생에게 어떤 교육을 하고 있습니까? 혹시 교육이 아닌 훈련을 시키고 있는 것은 아닌지요. 정해진 길로만 가도록 만들어진 교육과정이 과연 누구를 위해 만들어 놓은 것인지 고민하게 됩니다. 잘 닦인 경마장이 과연 경마장을 달리는 말을 위한 것일까요? 아니면 경마장을 운영하는 사람들을 위한 것일까요?

망아지가 자라서 푸른 초원을 달리는 말이 되고자 한다면, 어린 망아지가 달리는 경마장은 최소한 그 준비를 위한 공간이 되어야 하지 않을까요? 순위의 우열만을 최우선으로 하는 경마장이 바로 대한민국 학교의 현주소가 아닌가 하는 서글픈 생각이 듭니다.

학생들을 틀에 따라 똑같은 모양으로 찍어 낸 붕어빵처럼 키워서는 안 됩니다.
꿈을 품고 바다를 자유롭게 헤엄치는 고래로 키워야 합니다.
그것이 대한민국 학교 교육이 해야 할 역할입니다.

자세히 보아야만 보입니다. 학생들의 몸에 연결된 억압된 줄들이. 학생들을 자세히 바라봅시다. 학생들이 그 줄을 끊어 내고 자신의 세계로 날아갈 수 있도록 도와줍시다. 그것이 당신과 내가 학교의 주인, 삶의 주인으로서의 해야 할 책무입니다.

행복을 위한 처방전 17

수업이나 학급 운영을 위해 규칙을 정할 때, 학생들에게 선택권 주기

- 학기 초에 수업 시간이나 담임 반 교실에서 할 수 있는 것과 할 수 없는 것을 학생들이 스스로 정하게 하고, 그것을 문서로 작성해 게시판에 붙여 둡니다.
- 단, 수용하기 어려운 것을 제안해 올 경우에는 조건을 걸어 그 조건이 충족되면 일정 기간 동안 허용해 주고, 조건을 어기면 금지합니다.
- 선생님은 학생들이 정한 규칙에 따라 상벌을 줍니다.

일상적인 삶을 이상적인 삶으로 바꾸는 힘

18일

1(일)상과 2(이)상

1 더하기 1이 2니까,
일상 더하기 일상이 이상(理想)이 되었으면.

일상에 또 하나의 일상이 더해져
내가 꿈꾸던 하루가 되었으면.

일상과 일상이 뒤섞여
이상(異常)한 하루가 될 수도 있겠지만,

일상과 일상이 쌓인 오늘 하루가
꿈꾸어 왔던 내 이상(理想)이 되었으면.

누구나 이상(理想)을 꿈꿉니다. 우리는 일상(日常)을 살아갑니다. 반복되는 일상이라고 하면 부정적인 이미지와 긍정적인 이미지가 동시에 떠오를 수 있습니다. 누군가에게는 무의미하고 지루한 일상일 수도 있겠지만, 또 누군가에게는 즐겁고 행복한 일상일 수도 있습니다. 행복한 일상이 반복된다면 그 삶은 곧 이상적인 삶이 될 수 있습니다. 결국 어떤 일상이 반복되느냐가 중요합니다.

당신에게 필요한 것은 행복한 일상을 만들어 내는 것입니다.

반복되는 일상 속에서도 행복을 찾을 수 있다면 이상적인 삶이 실현됩니다.

당신의 일상과 당신이 꿈꾸는 이상이 궁금합니다. '일상'과 '이상'의 의미를 사전에서 찾아보았습니다.

– 일상(日常)은 '날마다 반복되는 생활'

– 이상(理想)은 '생각할 수 있는 범위 안에서 가장 완전하다고 여겨지는 상태'

'일상'과 '이상'. 이 두 단어의 글자 형태를 유심히 들여다보기 바랍니다. 서로 사용하는 한자는 물론 다르지만 'ㄹ' 받침 차이만 빼면 한글 자모는 같습니다. 'ㄹ'의 획을 따라가면 왼쪽에서 오른쪽으로 갔다가 아래로, 이번에는 반대로 오른쪽에서 왼쪽으로 갔다가 다시 아래로, 마지막으로 다시 왼쪽에서 오른쪽을 이어지는 직선 모양의 자음이 'ㄹ'입니다. 오른쪽과 왼쪽을 오가며 반복하는 것이 정말 '날마다 반복되는 삶', 일상을 의미하고 있는 것처럼 보입니다.

왼쪽과 오른쪽을 오가는 'ㄹ'의 움직임은 계단 모양처럼 보이기도 하고,

꾸불꾸불 이어진 길처럼 보이기도 합니다. '이상'이라는 완전한 상태를 중심으로 'ㄹ'이 추가되어 좌충우돌하는 것이 '일상'이 아닌가 하는 생각도 듭니다. 좋았다가 안 좋았다가, 기뻤다가 슬펐다가, 즐거웠다가 힘들었다가, 희망적이었다가 실망했다가, 신났다가 우울했다가….

이상(理想)은 각 한자어만 따로 놓고 보면 다스릴 '이(理)'에 생각 '상(想)'입니다. 각 한자의 뜻으로만 조합해서 단어를 해석해 보면 '자신의 생각을 다스리는 것'이 이상입니다. 정리하면 '이상'이란 '흔들리는 일상에서 균형을 잡아 자신의 생각을 다스리는 것'으로도 의미를 풀이할 수 있습니다.

감정의 기복이 없는 상태, 즉 마음의 평정심을 유지하는 것. 그것이 내가 생각하는 '이상'입니다. 그리고 그렇게 사는 하루가 이상적인 삶입니다. 그렇게 살아가는 삶이 완전하고 충족한 삶의 모습입니다. 결국 반복되면서도 좌충우돌하는 'ㄹ'이 '일상'이라는 단어에서 사라져야 마음의 평정심을 유지하는 '이상'이 됩니다.

작은 변화로 의미가 달라지는 것들에 대해 당신은 이미 알 겁니다. 님이라는 글자에 점 하나를 찍으면 '남'이 된다는 노래 가사가 있습니다. 'Impossible(불가능한)'에 어깻점 하나 찍으면 'I'm possible(나는 할 수 있다)'이 됩니다.

'일상'이란 단어에서 'ㄹ'을 제거하면 '이상'이 됩니다.
작은 변화만으로도 의미를 뒤집을 수 있습니다.

일상에 작은 변화를 주면 이상이 될 수 있습니다.

당신의 '이상적인 일상'을 위해서는 습관처럼 반복해 왔던 것들을 새롭게 인식하고 변화를 주려는 의지가 필요합니다. 자동차 운전석에 앉아 시동을 걸 때에 '뾰로롱! 깨어나라!' 하고 마법사가 되어 시동을 걸어 보는 겁니다. 고개 푹 숙인 채 침묵으로 엘리베이터를 타는 것이 아니라, 엘리베이터 문이 열리는 순간 '열려라, 참깨!' 하고 주문을 외쳐 보는 겁니다. 학생 이름을 부를 때에도 목소리 톤을 높게, 또는 낮게 변화를 주거나 앞에 다른 명칭을 추가해서 불러 봅니다.

– '사회 나가서 크게 될 ○○, 동창회에서 크게 한턱 쏠 ○○, 만 명을 호령할 자리에 오를 ○○, 행복 천재 ○○, 대한민국이 낳은 인재 ○○, 우주 유일의 ○○, XX학교 대표 모범생 ○○, 꽃보다 아름다운 ○○, 달빛 미소의 ○○….'

그 작은 변화가 일상적인 삶에 활력을 줍니다. 학생들의 반응이 달라질 겁니다. 자신의 이름 앞에 붙은 관형어 하나, 꾸밈말 하나가 그 학생을 다르게 보이도록 만듭니다. 학생은 자신을 특별하게 불러 주는 당신을 또한 특별한 선생님으로 인식할 겁니다.

그렇게 당신과 학생의 관계가 새롭게 만들어지는 겁니다. 일상의 관계가 이상의 관계가 되어 가는 겁니다.

오늘부터 시작합시다.

생각을 다스리고 평온함을 유지하며 일상에 변화를 줍시다.

그러면 일상이 이상이 됩니다.

되풀이되는 삶에서도 변화를 시도하는 당신이 되길 바랍니다. 그러면 오늘은 당신의 일상이 아니라 당신의 이상이 됩니다. 작은 변화로 '새로운 일상', '이상'을 만들어 가세요. 오늘이 당신의 이상적인 하루이기를 진심으로 기원합니다.

행복을 위한 처방전 18

학생들 이름을 먼저 외우고, 학생 이름 앞에 붙일 수 있는 꾸밈말(또는 별명)을 덧붙여 이름과 함께 불러 주기

- 꾸밈말은 교사가 붙여 줘도 좋고, 아니면 학생이 듣고 싶은 말, 동료 학생들이 추천해 준 말 등을 고려해서 정합니다.
- 학생을 부를 때, 부정적인 꾸밈말보다는 긍정적인 꾸밈말로 이름과 함께 불러 줍니다.
- 학생의 발전과 성장해 나가는 것을 지속적으로 관찰하며 꾸밈말을 계속 업그레이드합니다.

학생이 배라면, 교사는 OO다

19일

당신은

당신은 등대입니다.

항구를 찾아가는 배를 안내하는 등대입니다.

아무것도 보이지 않은 어둠 속에서 자기 자리를 지키며 고독하게 빛나는 불빛.

흐릿하더라도 저 멀리서 깜빡거리며 손짓하는 희망의 불빛.

당신은 북극성입니다.

밤하늘에 빛나는 북극성입니다.

수많은 별 중에서도 오랜 세월 지나도 항상 그 자리를 지키고 서 있을 밝은 별빛.

별을 볼 수 있는 그 어느 곳에서나 고개 들어 올려다보면 보이는 별빛.

당신은 나침반입니다.

흔들림 속에서도 중심을 잡는 나침반입니다.

어두운 산에서 길을 잃고 헤맬 때 손가락보다 작지만 지구의 자석을

품은 바늘.

꼬불꼬불 방향을 잃은 곡선의 길에서도

나아가야 할 지향점을 확신하게 하는 바늘.

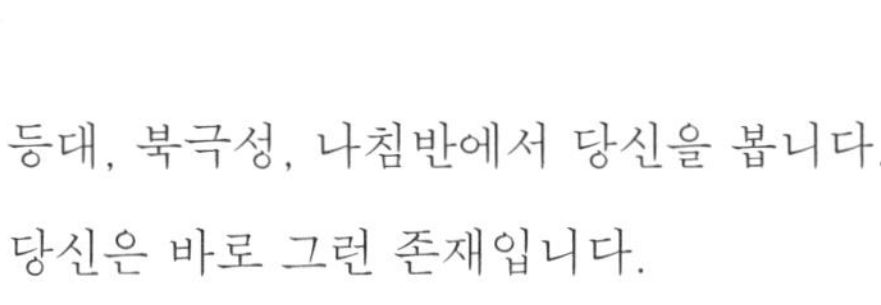

등대, 북극성, 나침반에서 당신을 봅니다.

당신은 바로 그런 존재입니다.

학생들은 자신의 삶을 찾아 먼 항해를 떠나는 배와 같습니다. 같은 항구에서 출발하지만 앞으로 나아가야 할 목적지는 서로가 다릅니다. 항해하는 과정에서 수없이 바뀌는 낮과 밤을 보내야 하고, 잔잔하고 평온한 바다를 건너기도 할 것이고, 때로는 폭풍도 만날 것입니다. 교사는 이때 어떤 역할을 해야 할까요? 배에 탄 선장의 모습이어야 할까요? 그래서 배가 가고자 하는 목적지로 운항을 하면 될까요?

『상산고 이야기』의 저자 나현철 선생님은 교육에 대해 '가르치는 것보다 중요한 건 가리키는 것'이라 했습니다. 그 말의 의미를 곱씹어 봅니다. 교육은 기존에 만들어진 지식을 주입하는 것이 아닙니다. 교육은 학생 스스로 필요한 지식을 직접 찾아보고, 또 기존의 지식을 새롭게 재구성해 나갈 수 있도록 도와주는 것입니다. 학생들에게 필요한 책을 낭독하며 읽어 주는 것이 아니라, 스스로 도서관을 찾아가서 필요한 책을 찾아 읽게 만드는 것입니다.

학생들을 이끌고 목적지까지 데려다주는 것이 아닙니다.

지도를 보고 자신의 목적지를 직접 찾아갈 수 있도록 도와주는 것.

그것이 교육이고 올바른 가르침입니다.

가끔 졸업한 학생들이 찾아옵니다. 그리고 학창 시절의 추억 거리를 이야기합니다. 내 기억에서는 지워져 버린 그들과 얽힌 이야기도 들려줍니다. 때로는 지난날 교육이란 이름으로 가해진, 그래서 지금은 내 입으로 말하기도 많이 부끄러운 체벌들. 그것들을 지난 시절의 유쾌한 추억으로 이해해 줘서 고맙기도 합니다만, 미안한 마음이 더 큽니다.

"참, 선생님 그때 제게 이런 말씀 해 주신 것 기억하세요? 그 말씀 덕분에 제가 공부 시작했잖아요."

"어? 아! 그때?"

가물가물하면서도 정확하게 기억나지 않는 과거의 시간. 학생들은 그날 내가 무슨 옷을 입었고, 몇 교시에 무엇을 배우고 있었을 때라고 생생하게 기억했습니다. 그때 내가 던졌다는 한마디는….

"오~ 이 어려운 문제를? 문제 좀 풀 줄 아는데."

"나중에 시간 되면 이 책 한번 읽어 봐. 네게 도움 될 거야."

"제법 잘하는데! 넌, 나중에 이 일을 하면 잘 어울릴 것 같아."

"넌 누구보다도 사회 나가서 잘될 거야."

"와우~ 굿 아이디어. 이건 생각하지도 못했는데."

많은 학생에게 무심코 던진 사소한 말 중 하나였을 테지만, 학생들은 그 한마디가 삶의 큰 변화를 주었다고 하네요.

"그때 많이 방황하고 있었는데, 선생님께 그 말을 듣고서 더 열심히 공부하게 되었어요."

졸업해서 찾아온 학생들에게 이런 말을 전해 들을 때만큼 선생으로서 기쁨이 클 때가 있을까요. 사실 정확하게 기억나지 않았지만, 그냥 기억나는 척 흐뭇한 표정으로 바라봅니다. 당연히 훌륭한 사람은 내가 아닙니다. 선생의 말을 듣고서 생각을 바꾸고 행동으로 옮긴 학생이 더 훌륭한 사람입니다.

어쩌면 그 학생들은 내가 말하기 전부터 이미 변화할 준비를 마음속에 지녔을 겁니다. 그러다가 때마침 학생 귀에 쏙 들렸겠죠. 대한민국 교사라면 내가 한 말이 특정 학생에게만 건네는 특별한 가르침의 말이 아니라는 것을 압니다. 당신도 토씨 하나 바꾸지 않고 똑같은 말들을 당신이 가르치는 학생에게 했을 겁니다.

사람은 자신이 하는 일을 남들로부터 인정받을 때 삶의 의미와 가치를 깨닫게 되는데, 교사는 학생들이 도움을 받았다고 인정해 줄 때, 가르친다는 것에 대한 의미와 가치를 깨닫게 됩니다. 당신도 나처럼 학생들의 말에서 가르친다는 것에 대한 의미와 가치를 깨달았을 겁니다.

졸업생들이 떠난 후, 다시 교무실에 앉아 지난 추억들을 떠올려 봅니다. 그리고 지금 가르치고 있는 학생들을 바라봅니다. 앞으로는 학생들을 더 많이 지지하고, 그들이 하는 일을 더 많이 응원해 줄 겁니다. 그것으로 학생은 힘든 학교생활을 버텨 낼 수가 있습니다.

잘하는 것을 잘한다고 말해 주는 것, 더 잘할 수 있도록 또 한 번 잘한다고 말해 주는 것, 그리고 학생이 잘하는 것을 찾고 알아봐 주는 것. 학생의 장점을 보물찾기하듯이 함께 찾아 주는 것. 그것이 또한 교사가 해야 할 일입니다.

오늘도 교실에서 보물찾기를 합니다.

학생들의 장점을 두 눈 크게 뜨고 찾아 봅시다.

교실 안에 있는 학생들을 한번 둘러보세요. 다들 자기만의 보물들을 숨겨 놓고 있습니다. 지금 교실에 앉아 있는 학생의 현재 모습이 10년 뒤, 20년 뒤, 30년 뒤 모습과 같을 것이라 생각하지 마세요. 당신 앞에 있는 학생은 가까운 미래에 자신의 역할을 잘 해낼 사회인이 될 겁니다. 또한 누군가의 배우자로, 또 누군가의 부모로 살아갈 겁니다.

학생이 지닌 장점이 무엇인지를 잘 관찰합시다. 찾기 힘들다고요? 신께서 아무나 쉽게 찾아 볼 수 있도록 하지는 않았을 겁니다. 그렇게 쉽게 찾을 수 있다면 학생에게 교사가 필요 없게 됩니다. 당연히 그냥 보이지 않습니다. 어린 시절 보물찾기하듯 돌 밑도 확인해야 하고, 쓰레기통 근처를 뒤져야 할지도 모릅니다. 큰 상품이 걸려 있는 보물일수록 더 꽁꽁 숨겨 두었을 겁니다. 남들이 찾지 못한 것을 찾아내는 것이 당신의 역할입니다.

학생이 가진 능력이 무엇인지를 찾아서 알려 주는 것이 당신의 의무입니다.

방향을 잃고 어디로 나아가야 할지 모르는 학생이 있을 겁니다. 남들 눈에는 그냥 걷는 것처럼 보이지만, 조금 더 지켜보면 이리저리 오가며 같은 자리를 맴돌고 있는 학생이 있을 겁니다. 길을 잃고 방황을 합니다. 그 학생에게 앞으로 가야 할 길의 방향을 안내해 주어야 합니다. 당신의 조언이 필요한 학생입니다. 무슨 말이라도 나눌 수 있는 대화 상대가 필요한 학생일 수도 있습니다. 최소한의 관심이 필요한 학생일 수 있습니다.

당신은 그냥 학생을 불러서 이야기를 나누면 됩니다. 꼭 교무실에서 얼굴을 맞대고 상담을 해야 하는 것도 아닙니다. 복도를 지나가다가 가벼운 인사말을 나누는 것도 좋습니다. 그렇게 한다고 해서 모든 학생에게 당장 큰 변화가 생기는 건 아닙니다. 하지만 확실한 건 그중에 한 명은 당신이 던진 말 한마디에 삶의 방향을 찾아 나아갈 수 있을 겁니다.

방황한다는 것은 원하는 곳으로 가고는 싶지만, 어디론가 가고는 있지만, 가야 할 곳을 잃어버린 겁니다. 그때 필요한 것이 당신입니다. 그들에게 때로는 등대와 같은, 때로는 북극성과 같은, 때로는 나침반과 같은 존재가 당신입니다.

당신이 등대가 되어 어두운 밤을 항해하는 배를 지킨다고 상상하세요.

당신이 북극성이 되어 사막을 걷는 사람을 내려다본다고 상상하세요.

당신이 나침반이 되어 산길을 헤매는 사람의 손에 쥐어져 있다고 상상하세요.

당신은 학생들에게 그런 존재입니다. 그러니, 자부심을 가져도 좋습니다. 지금 그 모습 그대로 이미 당신은 훌륭한 존재입니다. 당신은 그런 사람입니다.

행복을 위한 처방전 19

학생 상담 후에 격려와 응원 문자 보내기

- 학생 상담을 하기 전에 그 학생의 현재 상황에서 필요한 좋은 명언, 좋은 사례를 미리 준비해 두었다가 상담하면서 자연스럽게 들려줍니다.
- 상담 후에는 인상 깊었던 대화 내용이나 상담을 통해 알게 된 내용 등을 간단히 정리해서 격려와 응원의 문자를 보냅니다.

너를 위한 우산이었으면 좋겠다

20일

학교 별곡

비몽사몽 눌렀는지 알람 소리 못 들었다
등교 시간 늦었구나 쏜살같이 준비하자
교복이 안 말라도 대충 입고 집 나서다
뛰다가 넘어졌네 무릎에서 피가 철철
날 부른 소리에 고개 들어 쳐다보니
호랑이 학생부장 교문 앞을 지켜 섰네
다친 내게 다가와서 위로의 말 기대하니
헛된 바람 야무진 꿈 그럴 리가 있을까
복장 불량 벌점 일 점 지각이라 벌점 이 점
이름 번호 적더니만 휑하니 사라지네
아침 시작 별로지만 하루 종일 안 좋으랴
오늘은 십삼 일 내 번호는 십삼 번
수학 문제 풀이 당첨 못 풀어서 깜지 당첨
영어 시간 무사하게 지나가던 순간인데
지각해서 내지 못한 스마트폰 울려 대니

억울하다 폰 압수에 또 벌었네 벌점 삼 점
한 시간만 견뎌보자 점심이 기다린다
아뿔싸 깜빡했네 오늘이다 과학 수행
아는 것이 없는데 문제 어찌 풀겠는가
피곤함에 잠깐 졸음 급식 시간 늦었더니
애달프다 나의 신세 식은 밥에 반찬 없네
살기 위해 담장 넘어 편의점 다녀오니
무단 외출 벌점 사 점 슬리퍼라 벌점 일 점
오후부터 좋아진다 친구 말을 위로 삼아
점심 이후 봄날 햇살 잠이 마구 쏟아지네
넘어가나 했더니만 선생님 눈 마주쳤네
국어 시간 읽기 당첨 다행이다 잠은 깼네
안구 정화 총각 선생 기다렸네 사회 시간
웬일인가 꿈틀꿈틀 아랫배가 아파오네
참다 참다 못 참겠다 나오겠다 배 속 급똥
부끄럼이 대수더냐 얼렁 가자 화장실로
가벼워진 몸으로 맞이하는 체육 시간
성급한 마음에 급히 뛰다 발목 삤네
힘든 하루 끝나 간다 드디어 종례 시간
원망토다 원망토다 정말로 원망토다
중간고사 성적표를 하필 오늘 나눠주네
다음 주에 수학여행 즐길 생각 들떴는데
초라한 이 성적에 어떤 부모 옷 사주랴

애고 애고 내 신세야 웬수로다 학교생활
집에 가자 집에 가자 나는 싫다 학교생활
집에 가는 발걸음이 무겁기 그지없다
천지신명 하늘이여 비나이다 비나이다
학교 생활 지친 나를 가엾게 여기소서
이런 내가 불쌍하면 좋은 일만 내게 주소
정성껏 기도하고 교문 밖을 나서니
갑작스레 광풍 불고 거센 비 쏟아지네
어즈버 행복한 학교 꿈이런가 하노라

정말 불쌍한 학생입니다. 이렇게 운 없는 학생이 있을까요? '운 없음의 끝판왕'인 어느 학생의 하루를 당신이 학창 시절에 배웠을 4음보의 가사(歌辭) 형식에 따라 읊어 보았습니다. 이 학생은 정말 운이 없는 학생이지요. 최악의 하루를 보냈습니다. 오늘 하루 받은 벌점만 10점이 넘습니다. 보통의 학생들이 학창 시절 내내 받기도 어려운 벌점, 운이 좀 없는 학생들이 1년 동안 받을 만한 벌점을 하루에 다 받았습니다. 물론, 현실성이 떨어지고 과장되어 있기는 합니다.

곁에 있었다면 많이 위로해 주고 싶은 학생입니다.
혹시 당신 곁에 이런 학생은 없는지요?

여성가족부가 발표한 「청소년 통계」 자료에서 청소년의 평일 평균 수면 시간은 7.2시간, 특히 고등학생의 경우는 5.8시간에 불과하며 아동 · 청소년의 52.4%는 '현재 수면 시간이 부족하다.'라고 응답했다고 합니다. 미국 수면 재단이 권장하는 적정 수면 시간은 6~13세의 초등학생이 9~11시간, 14~17세의 중학생이 8~10시간, 18~25세의 고등학생 및 대학생이 7~9시간이라고 하니 대한민국 학생들의 수면 시간이 부족한 것은 확실합니다.[17)]

하지만 어른들이 말하는 비교 대상은 외국 학생이 아니라 함께 경쟁하는 대한민국 학생들, 그중에서도 '엄친아', 최상위 모범생들입니다. 그 모범생들이 실제로 얼마나 자는지 직접 눈으로 확인한 적 없지만, 성적이 우수한 걸 보니 남들보다 덜 자고 공부만 했을 거라는 막연한 추측으로 '4시간 자면 대학에 붙고 5시간 자면 떨어진다.'는 '4당5락', 심지어는 '3당4락'이라는 말로 학생들을 겁박합니다.

대한민국의 학생들이 잠만 부족합니까. 아침도 먹지 못하고 등교합니다. 교육부와 질병관리청이 실시한 「학생 건강 검사 및 청소년 건강 행태 조사」에 따르면, 일주일에 5일 이상 아침 식사를 거르는 남녀 중 · 고등학생의 비율은 39%에 이르러 10명 중에 약 4명의 학생은 아침을 먹지 못하고 등교한다고 합니다. 특히 여자 중 · 고등학생의 아침 식사 결식률은 40.7%로 조사가 시작된 2005년 이후 처음으로 40%를 넘어섰다고 합니다. 그리고 아침 식사를 거르는 가장 큰 이유는 '시간이 없어서(35.1%)'였다고 합니다.[18)]

학창 시절부터 시간이 넉넉하지 않아 바삐 움직여야만 살아갈 수 있는 삶임을 몸에 익히게 됩니다. 시간을 소중히 여기고 잘 활용해야 한다고 생각하면 그나마 다행입니다. 하지만, 그보다는 해야 할 일은 많은데 항상 시간이 부족하다고 여기며 쫓기듯 삶을 살아가는 것이 안타까운 현실입니다.

그렇게 되면 삶의 여유를 잃게 됩니다.
여유 없는 마음에서 행복은 자라날 수 없습니다.

등교 후에도 빽빽한 수업이 이어집니다. 초등학교는 매 교시 40분 수업을, 중학교는 45분 수업을, 고등학교는 50분 수업을 합니다. 그렇게 하루에 6교시 이상의 정규 수업을 받게 됩니다. 정규 수업 이후에는 방과후 수업이나 학원 수업까지 받다 보면 하루에 8시간 이상의 수업을 하게 됩니다. 야간 자율학습을 하는 고등학생의 경우는 당연히 더 많은 시간을 책상 앞에 앉아 있습니다. 일반 성인들도 법정근로시간이 주 5일제의 경우 하루 8시간 기준으로 주당 40시간을 초과할 수 없습니다. 근무 조건 개선과 휴식권 보장을 위해서입니다.

이제는 학생들에게도 '법정학습시간'이라는 것을 만들어야 하는 것은 아닐까요?
대한민국 학생들에게 사회에서 필요로 하는 것 이상의 학습을 시키는 것은 아닌지 진지하게 논의해야 할 시점입니다.

잠도 부족하고, 밥도 거르고, 교실에서 계속 앉아 있어야 합니다. 이 상태가 지속되면 그 어떤 즐거운 상황이 눈 앞에 펼쳐진다고 해도 즐길 만한 마음의 여유가 생겨날 수 없습니다. 이런 악순환이 학창 시절 내내 반복됩니다. 공부하는 기간만 초, 중, 고만 따져 12년입니다. 학교에서 공부하는 데에 투자하는 시간을 단순하게 계산하면 매일 6시간에, 법정 수업일수 190일, 그리고 12년을 곱하면 총 13,680시간입니다. 대한민국 학생의 공부 시간은 이미 널리 알려진 '만 시간의 법칙'을 한참 넘어섭니다.[19)]

하지만 안타깝게도 '만 시간' 이상의 공부를 했다고 해도 모두가 학습 관련 전문가가 되는 것은 아닙니다. 또한 학생 모두가 자신이 잘하는 과목과 관련 있는 대학의 학과로 진학하는 것도 아닙니다. 대학에 가서도 전공하는 분야에서의 전문가가 되기 위해 다시 새로운 공부를 시작해야 합니다. 어쩌면 대한민국의 학생들은 황금 같은 청소년 시절에 안타까운 재능의 낭비, 시간의 낭비, 인생의 낭비를 하고 있는지도 모릅니다. 그리고 그 중심에 학교가 있습니다.

학교가 학생이 꿈꿀 수 있는 공간이 아니라, 꿈꾸는 것을 방해하는 공간으로 변질되어 가고 있는 건 아니지 성찰해야 합니다.

학교라는 곳이 학생이 아닌 다른 사람의 목적을 위해 학생을 혹사시키는 공간이 되어서는 안 됩니다. 당신뿐만 아니라 학생에게도 학교가 '가고 싶은 곳'이 아니라 '가기가 두려운 곳'이 되어서는 안 됩니다.

하지만 안타깝게도 지금의 학교는 선생님도 힘에 부치고, 학생들도 힘에 부치는 공간입니다. 교사도, 학생도 힘겨운 삶을 살아가고 있기에 서로가 동병상련(同病相憐)을 느끼는 대상입니다.

힘겨운 사람들끼리 만나 서로가 바라지 않은 일을 하는 것처럼 견디기 어려운 상황은 없습니다. 위로와 위안이 필요한 교사와 학생이 학교라는 공간에서 서로 불쾌한 표정으로 마주 보고 있는 것이 지금의 안타까운 현실입니다.

서로가 연민의 시선으로 바라보아야 합니다. 그렇게 서로가 서로에게 연민을 느낀다면 더할 나위 없이 좋겠지만 학생들이 당신에게 연민을 느끼기는 쉽지 않을 겁니다. 학생이 당신보다 먼저 위로와 위안을 주지도 못할 겁니다. 아니, 학생들로부터 위로와 위안을 전혀 받지 못할 수도 있습니다.

당신이 먼저 학생들을 연민의 시선으로 바라보아야 합니다.

당신이 먼저 학생들에게 위로와 위안을 주어야 합니다.

그렇습니다. 당신은 대한민국의 선생님입니다. 당신이 먼저 학생들에게 손을 내밀어야 합니다. 교칙을 어긴 학생들을 잡아낸다는 매의 눈빛보다는 교칙을 어길 수밖에 없는 상황에 있는 건 아닐까 하는 동정의 눈빛으로 학생들을 바라보도록 합시다. 그리고 그들의 감정을 엑스레이 투시하듯이 읽어 내도록 노력합시다.

최고의 교과 지식 내용으로 최신의 교수 · 학습 모형에 따라 지도하는 선생님이 있다고 하더라도 학생들의 감정을 읽지 못하면 좋은 수업을 할 수 없습니다. 수업을 잘하기 위해 교과 지식도 알아야 하지만, 학생들의 감정도 알아야 합니다. 수업을 하다 보면 마음의 위로가 필요한 학생이 있을 겁니다. 그 학생은 수업 시간에 무표정하게 앉아 있을 수도 있고, 책상에 엎드려 있을 수도 있습니다. 학생의 표정과 눈빛, 마음을 읽을 수 있어야 합니다.

「학교별곡」의 내용처럼 안 좋은 일들이 한꺼번에 생긴 학생도 있을 겁니다. 「학교별곡」의 마지막 부분에서 '갑작스레 광풍 불고 거센 비가 쏟아지는데 행복한 학교의 꿈이 사라져 가는 학생'처럼 비 맞으며 하굣길을 걸어가는 학생에게 우산을 씌워 주고픈 날입니다. 비에 흠뻑 젖은 학생들을 연민의 시선으로 바라보고, 그들에게 먼저 위로와 위안의 우산을 씌워 주는 당신이기를 바랍니다.

그리고 이 글을 읽고 있을 학생이 있을지 몰라 덧붙입니다. 여러분들 곁에 좋은 선생님들이 많이 있다는 것을 꼭 알아야 합니다.

대한민국의 선생님들은 비를 맞는 여러분들의 우산이기를 희망하는 사람들입니다.

여러분들이 학교 앞에서 비를 맞고 서 있다면 제일 먼저 부모님이 우산을 씌워 주십니다. 혹시라도 부모님이 안 오셨다고요? 그럼 그다음에는 누굴까요? 당연히 선생님이십니다. 제 말이 틀렸는지 테스트 한번 해 보셔도 좋습니다.

선생님의 그 마음을 부디 알아봐 주세요. 행여 지금은 모른다고 하더라도 나중에 졸업해서라도 꼭 알아봐 주세요. 그러면 복을 받습니다. 반드시 복을 받습니다.

오늘은 대한민국 학생 여러분들을 진심으로 응원합니다. 모두 힘냅시다!

행복을 위한 처방전 20

어린 시절의 학생 사진으로 작품 만들기

- 교과 수업과 연계하여 어린 시절 모습이 담긴 학생 사진을 활용한 작품을 만듭니다.
- 어떤 학생 때문에 마음에 상처를 받게 될 때, 그 학생의 어릴 적 사진이나 작품을 보며 용서합니다.
- 용서한 만큼 자신의 마음이 한 뼘 더 자랐다고 믿습니다.

한우보다 등급이 낮은 대한민국 학생을 위하여

소만도 못한 인간

어제 저녁에는
수분이 날아간 공깃밥과 먹다 남은 된장찌개,
그리고 김칫국 물든 반찬통 두 개가 전부인 밥상으로
매운 삶을 목에 넘기시던 아버지가

수학 시험 어땠냐고 물어보시길래
잘 찍어서 운 좋게 7등급에서 5등급 될지도 모른다고
설마 등급이 뭔지 아실까 하고 퉁명스레 던졌을 뿐이었는데

오늘 저녁에는
힘들게 공부하는 고3 아들
소고기 한번 사 먹여야 한다는 아버지와 함께
동네 고깃집으로 외식을 나왔다.

알바생이 넘겨준 메뉴판과

그 안에 인쇄된 숫자들.

아버지는 만만치 않은 가격표에
시선이 오래 머물다
남 들으라는 듯 큰 소리로
마침내 1등급 한우를 주문하신다.

철도 씹어 먹을 수 있는 내 식욕은
투플이든 원플이든
미국산이든 호주산이든
소고기면 다 상관없다고 생각하고 있을 때

메뉴판 속
예쁘게 디자인된 소가
엄지손가락 치켜올리고
날 보고 히죽 웃으며
내게 묻는다.

"넌 몇 등급이야?"

아.
소만도 못한 인간.

그게 나였다.

소고기는 등급을 나눕니다. 좋은 고기가 있고 좋지 못한 고기가 있기 때문입니다. 그래서 등급을 나누어 좋은 고기와 좋지 못한 고기를 구별합니다.

– 등급(等級): 높고 낮음이나 좋고 나쁨 따위의 차이를 여러 층으로 구분한 단계.

등급은 고기의 육질 상태를 소비자에게 알려 주기 위함입니다. 당연히 좋은 고기는 높은 등급을, 그렇지 못한 고기는 낮은 등급을 받습니다. 소비자는 포장지에 표기된 등급을 믿고 고기를 고릅니다. 높은 등급의 고기가 비싼 것은 당연합니다.

소는 육질 중 근육 내 지방도인 마블링에 따라 1++ 등급, 1+ 등급, 1등급, 2등급, 3등급, 등외로 나뉩니다. 그리고 등급에 따라 가격도 차이가 납니다. 그렇다면 1등급 한우는 전체 한우 중 몇 퍼센트 정도 될까요?

축산물 등급 판정과 관련한 「축산물품질평가원」 자료에 따르면 전체 한우 육질 1등급 이상 출현율은 74.6%, 한우 거세우의 육질 1등급 이상 출현율은 91.2%라고 합니다. 특히 축산 경험의 축적과 기술의 향상으로 해마다 1등급 출현율을 점점 높이고 있다고 합니다.[20]

이처럼 대한민국은 자랑스럽게도 소를 참으로 잘 키우는 나라입니다.

그렇다면 대한민국은 우리 아이들도 잘 키우는 나라일까요?

대한민국 학생들 중에서 대학수학능력시험이나 고등학교 일반과목의 내신 1등급 학생은 작년에도, 올해도, 그리고 내년에도 전체 학생 중에 4%

로 고정되어 있습니다. 교사의 경험이 늘고, 학생들이 더 열심히 공부할 뿐만 아니라, 여러 교수 · 학습 여건들이 점점 더 개선된다고 해도 그 비율을 4% 이상 늘릴 수가 없습니다. 왜냐면 상대평가이기 때문입니다.

현재 등급제에서 1등급은 4%까지입니다. 100명을 기준으로 4명이고, 25명 기준으로는 1명에 해당합니다. 오는 2028년에는 내신 5등급제로 바뀐다고는 하지만, 상대평가 방식은 그대로 유지됩니다. 물론 소와 사람을 직접 비교할 수는 없습니다. 단지, 절대평가와 상대평가에 따른 등급의 의미가 다르다는 것을 말하기 위함입니다.

소는 절대평가로 등급을 매깁니다. 각 등급에 해당하는 절대적인 기준만 넘으면 1등급을 줍니다. 하지만 대한민국 고등학교 내신과 수능 성적은 절대평가가 아닌 상대평가로 학생의 등급을 나눕니다. 상대평가에서 등급이 의미하는 것은 전체적인 학생들 중에서 자신의 성적을 상대적인 관점에서 급간을 구분하여 평가하는 겁니다.

내가 받은 점수가 중요한 것이 아니라, 내가 받은 점수가 전체 응시 학생 중에 어느 위치에 있느냐가 중요한 것입니다. 백 분의 일로 나누는 백분위보다는 그 폭이 더 넓다고는 하지만, 등급의 경계선 바로 아래에 해당하는 학생의 경우는 심한 역차별이 될 수도 있습니다.

현재 백분위는 상위 %를 기준으로 1등급은 4%까지, 2등급은 11%까지, 3등급은 23%까지, 4등급은 40%까지, 5등급은 60%까지, 6등급은 77%까지, 7등급은 89%까지, 8등급은 96%까지, 끝으로 9등급은 마지막 100%까지입니다.

이때 백분위 5%에 해당하는 학생은 11%에 해당하는 학생과 함께 똑같은 2등급으로 인정받습니다. 또한 12%에 해당하는 학생은 23%에 해당하는 학생과 함께 똑같은 3등급으로 인정받습니다. 등급만을 놓고 보면 1등급 바로 앞에서 끊긴 백분위 5%에 해당하는 학생과 2등급 바로 앞에서 끊긴 백분위 12%에 해당하는 학생은 운이 나쁜 경우에 해당합니다. 반대로 2등급의 맨 마지막에 걸린 백분위 11% 해당하는 학생과 3등급 맨 마지막에 걸린 백분위 23%에 해당하는 학생은 운이 좋은 경우에 해당됩니다.

국어와 수학 과목에서 각각 5% 백분위를 받은 A 학생은 백분위 평균 5%에 평균 등급 2등급이지만, 국어 과목에서 4% 백분위를 받고, 수학 과목에서 10% 백분위를 받은 B 학생은 백분위 평균 7%에, 평균 등급은 1.5등급이 됩니다. 백분위를 기준으로 하면 A 학생이 우수한 학생이 되고, 등급을 기준으로 하면 B 학생이 우수한 학생이 됩니다.

백분위 점수보다 측정의 범위가 넓은 등급의 장점 또한 무시할 수 없습니다. 어느 시험에서 백분위 5%에 해당하는 학생이 백분위 4%에 해당하는 학생보다 1% 더 실력이 부족하다고 말하기는 어렵습니다. 출제 범위, 문제의 난이도, 교과 지식에 대한 활용 능력 등을 고려할 때 명확하게 우열을 가린다는 것은 매우 어려운 일입니다.

백분위가 더 공정한 것인지, 등급이 더 공정한 것인지 논하는 것은 쉽게 해결할 문제가 아닙니다. 어떤 기준으로 평가하는 것이 더 공정한가는 관점에 차이에 따라 달라질 수 있습니다. 세상에 완벽한 공정이란 존재하기 어렵습니다. 자신이 이득을 보면 공정한 것이고, 손해를 보면 불공정한 것이라 생각할 수도 있습니다.

등급이든, 백분위든, 상대평가는 여러 면에서 문제점을 지니고 있습니다. 지난 시험보다 열심히 노력해서 더 좋은 점수를 받았지만 마냥 즐거워할 수 없습니다. 상대평가는 다른 사람보다 내 점수가 좋은지, 그렇지 못한지가 중요합니다. 지난 시험보다 더 열심히 공부해서 시험 점수가 올랐어도 등급이나 백분위가 떨어졌다면, 그 학생은 공부를 더 열심히 하지 않은 학생이 됩니다.

또한 공부를 하지 않아서 지난번보다 더 낮은 점수를 받았다고 하더라도 상대방 점수가 더 낮으면 상대평가에서는 상대방보다 더 우수한 평가를 받을 수 있습니다. 같은 실력이라면 자신보다 상대방이 더 많은 실수를 하면 됩니다. 상대방의 실수와 불운이 자신에게는 득이 됩니다.

안타깝게도 타인의 아픔이 자신의 기쁨이 되는 비교육적인 상황을 부추기는 것 같아 당신은 마음이 편치 않을 겁니다.

또한 당신은 이런 상황에 빠진 경험도 있을 겁니다. 모든 학생이 다 잘했는데도 거기서 또 우열을 가려야 합니다. 당신의 가르침을 잘 따라 줘서 모두 시험을 잘들 치러 평균 점수가 높게 나와도 난이도 조절에 실패했다고 비난받을 수 있습니다.

수행평가 항목별 점수를 많은 학생에게 만점을 주는 상황이 생겨도 평가 기준 자체에 문제가 있는 것이라 지적합니다. 당신이 모든 학생들을 똑같이 잘 가르친 것이 문제가 될 수 있습니다. 교육과정에 제시된 성취 수준에 이르도록 학생들을 모두 훌륭하게 가르쳤어도 당신은 결국 학생들 점수에 차등을 두어 평가해야 합니다. 그래야 평가의 변별력이 있다고 믿게 됩니다.

점수에 목을 매는 일부 학생들은 당신과 좋은 관계를 유지하며 잘 지내다가도 학기말에 자신이 기대했던 점수가 나오지 않으면 서로의 관계가 소원해지는 경우가 발생하기도 합니다. 어쩌면 당신의 평가에 대한 무언의 항의일지도 모를 일입니다.

상대평가는 데이터를 생성하고 활용하는 집단의 입장에서 보면 객관성 및 공정성을 확보할 수 있다는 장점이 있습니다. 하지만 수험생 입장에서는 자신이 통제할 수 없는 외부 요인에 의해 평가 결과가 영향을 받게 됩니다.

그렇다고 절대평가가 상대평가보다 항상 우수하다고 말할 수도 없습니다. 절대평가는 평가 대상자 모두가 동일한 기준으로 동일한 평가를 했을 때 의미가 있습니다. 하지만 조건이 각기 다른 수많은 학교에서 절대평가의 공정성을 논한다는 것은 현실적으로 불가능한 이야기입니다. 그렇다고 점수나 등급으로 나누는 상대평가를 없앤다는 것은 말도 안 되는 일입니다.

그렇다면 대안은 없는 걸까요? 평가 결과를 어디에 활용할 것이냐에 따라 점수나 등급으로 표기하는 절대평가, 상대평가의 장점을 최대한 살리되, 서술식의 평가 기술로 보완해 나가야 합니다. 성취 기준과 평가 기준에 따라 점수를 줄 수밖에 없었지만 '이런 면이 좋았다, 성장했다, 발전 가능성이 있다'는 것을 학교생활기록부에 기록해 주어야 합니다.

학생 평가에 대한 자세한 기록을 위해서 당신의 업무가 늘어나는 것은 사실입니다. 하지만 절대평가든, 상대평가든 점수나 등급만으로 성적이 우수하다, 능력이 부족하다고 하는 것은 학생의 능력과 성장 과정을 모두 보여 주지 못합니다.

다른 사람보다 성적이 우수하고 나쁘다는 이분법적인 평가에서 벗어나 과거와 현재의 모습과 비교해서 성장하고 있는 역량에 의미를 부여하는 것, 학생이 학기 중에 무엇을 배웠고, 이를 통해 어떤 과제를 수행할 수 있었는지 객관적인 자료와 관찰을 근거로 학생의 능력과 성장 과정을 기록해 주어야 합니다.

최근에는 학교생활기록부의 교과 관련 세부능력 평가 기록이 중요해지는 추세입니다. 올바른 학생 평가를 위해 긍정적으로 점점 변화해 나가는 과정입니다. 단지, '우수한, 탁월한, 모범적인, 획기적인, 뛰어난…' 등의 공통된 일부 단어를 사용해서 학생들에 대한 평가가 점점 동일화되는 문제점도 발생하고 있습니다. 그래서 다시 원래대로 점수나 등급밖에 볼 것이 없다는 자조적인 탄식도 나옵니다. 하지만 단점은 보완해 나가야 합니다. 점수나 등급만으로는 학생이 가진 능력이나 역량의 성장 과정을 제대로 보여 줄 수는 없기 때문입니다.

등급이 우수한 한우일수록 맛이 뛰어납니다.

하지만 그 소가 훌륭한 소인지는 알 수 없습니다.

등급이 우수한 학생은 성적이 뛰어납니다.
하지만 그 학생이 훌륭한 학생인지는 알 수 없습니다.

자신의 성적을 높이기 위해서 열심히 노력하는 학생, 자신의 능력을 향상시키기 위해서 최선을 다하는 학생. 그 학생들에게 따뜻하고 진심이 가득 담긴 칭찬과 격려, 위로와 위안의 말을 들려주세요. 1등급 한우만큼 맛 좋고 영양가 높은 응원의 말들을 준비해 두었다가 학생들에게 틈나는 대로 많이 들려주세요.

대한민국을 대표하는 소, '한우'보다 등급이 낮은 대한민국 학생이 세상에 어디 있겠습니까? 앞으로 더욱 성장해서 자신을 위해, 가족을 위해, 사회를 위해 뭐든지 해낼 수 있는 대한민국의 학생입니다. 무한한 잠재력을 지닌 당신의 학생입니다.

대한민국 학생이 대한민국 소보다 등급이 '낮다'가 아니라, 대한민국 학생이 대한민국 소보다 등급이 '낫다'는 것을 증명하는 일이 당신이 해야 할 역할입니다.

학생은 당신에게 두려운 존재가 아닙니다. 성장할 수 있도록 당신이 도와야 할 대상입니다. 그들을 등급에 따라 다르게 대하지 마시고, 지금까지 당신이 해 온 것처럼 따뜻한 사랑으로 차별 없이 대해 주세요. 그 과정이 순탄하지만은 않았겠지만, 당신은 이미 충분히 잘 해내고 있습니다.

좋은 고기만 사 준다고 해서 학생이 성장할 수 있는 것은 아닙니다. 진심 어린 격려와 응원을 해 줄 때 성장할 수 있습니다.

당신이 지닌 사랑을 닮고 싶습니다. 당신은 자랑스러운 대한민국 교사입니다.

행복을 위한 처방전 21

수업 시간마다 눈이 마주친 학생의 이름을 불러 주고 질문할 것

- 매 수업 시작 전에 질문을 할 학생의 이름을 미리 외우고, 그 학생이 관심을 갖는 분야, 희망 진로와 관련된 질문을 준비합니다.
- 우연히 눈이 마주친 척하면서 그 학생에게 준비한 질문을 하고, 학생의 답변에 대해서 칭찬과 격려를 꼭 해 줍니다.
- 학생의 답변 중 인상 깊은 것은 학교생활기록부에 기록해 줍니다.

4주 차

교무실에 함께 있으면 마냥 친할 줄 알았습니다만

'나'와 '남'.
두 글자를 서로 나란히 마주 놓고서
가만히 바라봅니다.

'남'이라는 글자는
'나'라는 글자가 'ㅁ(미음)' 위에 올라 서 있는 글자입니다.
'나'보다 더 높은 곳에 있는 존재가 '남'입니다.

'나'를 높인 존재가 곧 '남'입니다.

'나'를 낮추겠습니다.
'남'을 높이겠습니다.

'남'을 올려 볼 수 있는 '나'가 되겠습니다.
이제는 당신을 올려다보겠습니다.

그때 거기 있었던, 너

그때,
거기 있었던 거,
너 맞지?

학교 축제에서 배꼽 잡고 웃었던 코믹 댄스에
체육대회 우승 상금으로 먹던 고기 뷔페에
방학식 끝나고 음악 들으며 집으로 향하던 내 옆자리에
신발장 속에 놓여 있던 캔 음료와 메모지 한 장에
눈물 콧물 쏙 뺀 졸업식 동영상 속에
술 한잔 함께 하고 돌아가는 졸업생의 뒷모습에

정작 찾을 땐 보이지 않더니
오랜 시간 지나서야
우리 함께 했었던 걸 알게 됐어.

오늘도 거기에 너 있는 거 몰라보더라도
어제처럼 너 거기 항상 있어 주라.

몰래 날 훔쳐보는 녀석이
넌가 하고 고개 들면
쏙 하고 사라져 버리는

얄궂은 너,
그래 너 맞았어.

행복!

오늘도 행복을 찾습니다. 찾는 것에는 늘 실패하지만. 행복이 도대체 뭐길래 생각만큼 찾기가 그리 쉽지 않습니다. 행복의 사전적 정의는 '복된 좋은 운수, 생활에서 충분한 만족과 기쁨을 느끼어 흐뭇함, 또는 그러한 상태'입니다. 사람들마다 행복에 대한 정의는 조금씩 다를 수 있지만 일반적으로 사람들이 행복을 느낀다고 할 때는 기분이 좋은 감정, 불만족이 없는 상태, 평온의 상태, 부족함이 없는 상태라 할 수 있습니다. 당신이 있는 곳, 이곳 학교에서 당신은 행복의 감정을 언제 느끼는지요.

행복을 연구하는 서은국 교수는『행복의 기원』에서 "행복은 목적이 아니라, 생존을 위한 도구다."라고 했습니다. 행복하게 살아야 하는 것이 아니라, 살아야 하니까 행복해야 한다고 합니다.[21] '행복한 교사'가 되는 것을 목표로 할 것이 아니라, 교사로 살기 위해서 행복해야 합니다. 그것이 바로 학교에서 당신이 행복해야 하는 이유입니다.

여기서, 행복에 관한 생각의 전환이 필요합니다. 행복은 교사로 살아가기 위해 스스로 만들어야 합니다. 다른 사람이 또는 시스템이나 제도 자체가 당신을 행복한 교사로 만들어 주는 것이 아닙니다. 당신이 교사로서 행복을 느낄 수 있는 순간이 언제였는지 기억하는지요.

혹시라도 마법의 알약처럼 한 번 먹으면 세상 모든 것이 행복하게 보이는 것이 있으면 좋을 텐데 그런 것은 없을까요? 여기 있습니다. 당신이 찾는 행복의 묘약을 소개하겠습니다. 그것도 두 개씩이나 알려 드리겠습니다.

첫 번째 묘약.
바로 '감사'입니다.

감사함을 느끼는 것만큼 기분이 좋아지고 행복을 주는 것도 없습니다. 감사함을 느끼면 내가 다른 사람에게 존중받고 있다는 느낌, 세상이 나를 위해서 존재한다는 느낌이 듭니다. 감사하기를 습관화하면 행복해지는 것이 좀 더 쉬워집니다.

자, 상상해 봅시다. 아침에 등교해서 교무실 문을 엽니다. 출근한 동료 교사들에게 인사를 합니다. 그리고 지금부터 당신이 하는 모든 행동에다가 '감사하기'를 덧붙이는 겁니다.

- 교사가 된 나에게 감사하기
- 출근할 직장과 내 자리가 있는 것에 대해 감사하기
- 아프지 않고 출근할 수 있어서 감사하기
- 전기 포트에서 끓고 있는 깨끗한 물에 대해 감사하기
- 차나 커피의 향을 음미할 수 있는 코, 맛을 느낄 수 있는 입이 있는 것에 대해 감사하기
- 창밖의 풍경을 바라보며, 내 수업을 듣기 위해 등교하는 학생들을 보며 감사하기
- 이른 시간에 교문에서 등교 지도해 주시는 선생님들께 감사하기
- 오늘 시간표를 보며, 내가 가진 능력을 베풀 시간이 주어짐에 대해 감사하기
- 오늘 해야 할 업무를 보며, 그 업무가 나에게 또 하나의 성장의 기회가 될 수 있는 것에 대해 감사하기.

생각해 보면 감사할 수 있는 일들을 셀 수 없이 많이 만들어 낼 수 있습니다. 감사한 마음 뒤에는 항상 행복한 감정이 뒤따라옵니다. 행복을 느끼기에 가장 좋은 것이 감사함을 느끼는 겁니다. 어렵게 생각하지 마세요. 당신이 한 행동에다가 '감사하다'고 말만 그냥 덧붙일 수 있으면 됩니다.

지금부터 그냥 시도해 보세요. 지금 이 책을 읽고 있는 시간적 여유에 감사함을 느껴 보세요. 그리고 당신이 있는 공간을 둘러보시고, 안전하게 있음에 감사함을 느껴 보세요. 당신에게 편안함을 주는 의자와 책상에 감사함을, 그리고 그것들을 만든 사람들에게 감사함을 느껴 보세요.

숨을 크게 들여 마시고 내뱉어 보세요. 공기를 마실 수 있다는 것에 감사함을 느껴 보세요. 옆에 사람이 있다면 그 사람을 바라보세요. 자신의

할 일을 묵묵히 하고 있는 여러 사람들이 있기에 이 세상이 무탈하게 돌아가고 있는 것에 대해 감사함을 느껴 보세요. 그렇게 감사하다고 말하는 것을 습관으로 만들어 보세요. 감사하다는 마음을 갖는 것만으로도 행복한 하루가 만들어집니다.

행복을 위한 두 번째 묘약.
바로 다른 사람에게 베푸는 친절함입니다.

감사가 상대방이 내게 베풀어 주는 고마운 마음을 헤아리는 것이라면, 친절은 내가 상대방에게 선한 마음으로 베푸는 것입니다. 다른 사람에게 베푸는 친절에 대해서 부담감을 가질 필요가 없습니다.

급식소에서 식사 마친 후 내가 쓸 냅킨 한 장을 뽑고 한 장을 더 뽑아 다른 사람에게 건네주는 것, 내가 마실 물을 따르다 뒤에서 차례를 기다리는 사람에게도 물 한 잔 더 받아서 먼저 건네주는 것, 책상 밑에 놓인 동료 교직원의 쓰레기통을 치워 주는 것, 공용으로 사용하는 파쇄기 안의 종이를 비워 주는 것, 복사 용지를 교무실에 가져다 놓는 것, 누군가가 곁에서 물건을 나르고 있으면 "도와드릴까요?"라고 말이라도 한마디 건네는 것. 곁에 있는 상대방을 조금이라도 동료로 의식하고 있다는 생각이 행동으로 나오면 그것이 바로 친절이 됩니다.

당신이 친절을 베풀면 다른 사람도 친절을 베풀게 됩니다. 친절은 또 다른 친절을 낳게 됩니다. 하지만, 상대방에게 건넨 당신의 친절이, 상대방이 다시 당신에게 베푸는 친절로 항상 되돌아오는 것은 아닙니다. 그렇다고 실망하지 마세요. 상대방에게 건넨 친절은 당신에게 만족과 행복으로 반드시 되돌아옵니다. 그것이면 충분합니다.

그러니, 모든 사람에게 친절을 베풀어 보세요. 만나는 사람들에게 조금이라도 당신의 친절을 베풀 수 있다면, 당신은 어떤 사람을 만나든 행복을 느낄 수 있습니다. 친한 사람에게 친절을 베풀면 그냥 선한 사람이지만, 미운 사람에게도 친절을 베풀면 신의 경지에 오른 겁니다. 감사함을 느끼는 것과 함께 다른 사람에 대한 친절을 꼭 베풀어 보세요.

당신에게 행복을 주는 두 개의 묘약.
감사함과 친절함.

학교에서 만나는 사람들마다 감사함과 친절함을 서로 주고받을 수 있다면, 그리고 그것이 일상처럼 반복된다면, 그게 바로 행복을 만드는 학교입니다. 당신 주변에서 다른 사람이 이미 실천하고 있다면, 그냥 따라 하면 됩니다. 아무도 하는 사람이 없다면, 당신이 처음 시도하면 됩니다. 학교에서 하루에 딱 한 번씩이라도 좋으니 감사함을 느끼고, 다른 사람에게 친절함을 베풀어 봅시다. 당신의 행복을 만들기 위한 좋은 습관입니다.

행복은 강도보다 빈도가 중요합니다.
행복을 느끼는 세기보다 행복을 느끼는 횟수가 중요합니다.

서은국 교수는 같은 책에서 "행복은 강도보다 빈도가 중요하다."라고 말합니다. 하루 중 100의 강도로 단 한 번의 큰 행복만을 경험하는 사람보다는 10의 강도로 10회의 작은 행복을 나누어 경험한 사람이 더 만족도가 큽니다. 학교에 있는 동안 행복한 순간들을 의도적으로 자주 만들고, 그것을 의식적으로 느껴야만 합니다. 행복은 참고 또 참아 내 나중에 한꺼번에 느끼는 감정이 아니라, 잘게 나누고 쪼개어 자주 경험해야 하는 감정입니다. 큰 행복 하나를 위해서 작은 행복들을 포기하거나 희생해서는 안 됩니다.

현재의 부정적인 감정을 참아 내기보다는 자신이 하는 행동 하나하나에 행복의 감정을 만들 수 있도록 의도적으로 연습해야 합니다. 행복도 연습하면 늡니다. 행복을 느끼는 것도 습관으로 만들면 쉬워집니다. 행복은 대단한 것이 아니라, 당신이 일상에서 찾는 소소한 감정들의 집합입니다. 행복한 작은 순간순간들이 모여 행복한 하루가 만들어집니다.

오늘은 당신이 행복을 꼭 찾았으면 좋겠습니다.

행복을 위한 처방전 22

감사하는 마음 갖기와 친절함 베풀기

- 상대방이 내게 어떤 행동을 하더라도 그 행동 뒤에 '~에 대해 감사하기'를 마음속으로 붙입니다.
- 상대방이 베푸는 친절함을 알아차리고, 그 친절함에 감사하다고 말합니다.
- 상대방에게 배운 친절함을 다른 사람에게 똑같이 베풉니다.

업무 분장을 대하는 현명한 자세

작전 실패

새 학년 업무 분장을 위한
교감 선생님과의 독대 자리.
비장한 각오로 자리에 앉는다.

학생부는 무조건 빼주세요.
교직 오래 하고 싶어요.
교무부는 빼주세요.
승진할 것도 아니고 처리해야 할 공문이 너무 많아요.
연구부도 빼주세요.
성적, 평가 때문에 감사받을 때 너무 스트레스받아요.
교육과정부도 빼주세요.
학년 교과목과 단위 수, 교사 인원 조절해야 하는 것은 제 능력 밖이에요.
정보부도 빼주세요.
프린터 공유 설정도 잘 모르는데 컴퓨터 관련 업무 할 수 없어요.
환경부도 빼주세요.

일하는 것 티도 안 나고 몸 쓰는 일이 너무 많아요.
그 나머지라면 다 괜찮아요.

담임도 맡아야 하나요?

3학년은 학생 상담과 상급 학교 진학 업무가 많아서 피하고 싶어요.

2학년은 수업 분위기도 제일 안 좋고, 학생 통제 불능에 사건 사고가 많아서 피하고 싶어요.

1학년은 학생들 챙겨줘야 할 것도 많고 학부모 민원도 많아서 피하고 싶어요.

그러니까 제 말은
담임은 빼주면 좋은데
담임을 맡을 인원이 도저히 안 나온다고 하시니까,
그래서 어쩔 수 없이 담임을 맡을 수밖에 없는 상황이니까,
이왕이면 문제 학생 없는 반,
까탈스러운 학부모 없는 반,
전교 1등과 전교 꼴등은 없는데 평균은 높은 반,
장기 결석자 없는 반,
운동부 없는 반.
뭐 그 정도만 신경 써주시면 담임 해도 괜찮아요.

아!
중요한 말씀을 빼먹었네요.

이 선생님과 저 선생님은 이런저런 이유로
고만고만한 사건이 있어서
같은 학년은 물론 같은 부서에서 근무하면 서로 불편할 것 같아요.

희망 사항이 더 있지만
교감 선생님과 학교 입장 생각해서 이 정도만 할게요.

라고 말하고 싶었는데,
학교 사정 어렵다는 교감 선생님의 말씀.

학교 사정은 단 한 번도 쉬운 적이 없었다
라고, 당당하게 한마디 하고 싶었는데
"네, 잘 알겠습니다."
라고 얼뜬 웃음으로 교무실을 나온다.

결국
올해도 작전 실패.

업무 분장은 조직 내 구성원들끼리 서로 업무를 나누는 것을 말합니다. 지역과 학교급에 따라 정도의 차이는 있겠지만 매년 새 학년, 새 학기가 시작하기 전에는 업무 및 담임 배정으로 인해 학교는 한바탕 큰 홍역을 치릅니다. 그리고 미묘한 신경전과 함께 교무실에서는 친분 있는 선생님들끼리 삼삼오오 모여 여기저기서 쑥덕쑥덕하는 모습이 보입니다.

평소 말씀이 없고 얌전해서 조용히 살 것 같은 분들도 다음 해 교육과정 편성할 때와 새 학년 업무 분장을 논의할 때는 자기 목소리를 냅니다. 이는 결코 잘못된 것이 아닙니다. 당연합니다. 마땅히 그래야 합니다.

업무 분장.

모든 사람을 만족시킬 수는 없습니다.

어려운 것보다는 쉬운 일을 하고 싶은 것이 사람의 마음입니다.

그래서, 동료 선생님들 사이에서 갈등의 씨앗이 되기도 합니다.

일반 직장에서도 쉬운 업무와 어려운 업무가 있듯이 학교 업무도 일에 따라 난이도가 다릅니다. 그렇다고 일반 직장처럼 일의 난이도에 따라 연봉이 달라지는 것도 아닙니다. 일반 교사는 호봉과 경력 구별 없이 교직수당이란 명목으로 모두 같은 금액의 수당을 받습니다.

물론 교원성과상여금을 통해 어려운 업무에 대해 보상을 해준다고 하더라도, 학교 현장에서는 그렇게 매력적인 유인책이 될 수 없다는 것을 당신은 알 겁니다. 그러니 일반적인 생각과 상식을 가진 사람이라면 누구나 수월한 업무를 배정받고 싶어 합니다. 세상일 다 그러하듯 수월한 업무에는 희망자가 몰리고, 어려운 업무에는 희망자가 없는 것은 당연한 일입니다.

교장, 교감 선생님의 삼고초려(三顧草廬)에도 결국 사람을 구하지 못한 업무가 있으면 새로 발령받아 오는 교사가 그 업무를 맡아야 합니다. 경력직 교사라면 그나마 다행이지만, 그마저도 적임자를 구하기 어려우면 급하게 채용한 기간제 선생님이 모두가 꺼리는 업무를 맡는 경우도 있습니다. 담당 인원이 줄어서 이 부서에서 업무 조금, 저 부서에서 업무 조금, 이렇게 하나둘씩 혹이 붙어 업무량이 작년에 비해 월등히 늘어나는 경우도 있습니다.

학교를 옮겨 갈 경우에는 특별한 개인 사정이 없다면 경력의 많고 적음을 떠나서 새로 발령받은 학교에서 시키는 대로, 하라는 대로 업무를 맡는 경우가 있습니다. 아무리 긍정적인 생각을 지닌 당신일지라도 자신의 의지와 상관없이 남들이 꺼리는 업무를 맡게 된다면 마음이 편할 수가 없습니다.

어떤 업무를 맡아 일 년을 보내느냐에 따라 학교에서 느끼는 만족감은 달라집니다. 같은 학교에서, 같은 시기에 함께 지냈다고 하더라도 어느 누구는 그 학교에서의 생활이 참 좋았다고 말하고, 또 다른 누구는 힘들었다고 말합니다. 이렇게 서로 다른 평가를 내리는 이유는 어떤 업무를 맡고, 어떤 사건을 직간접으로 겪었느냐가 서로의 만족도에 각기 다른 영향을 주기 때문입니다. 무슨 업무를 하느냐가 자신의 행복에 영향을 주다 보니 서로 양보하기가 어려워집니다. 그 마음 이해합니다. 누구나 그러니까요.

단지, 당신이 수월한 업무를 맡았다는 것은 다른 누군가가 어려운 업무를 맡았다는 겁니다. 또한 당신이 어려운 업무를 맡았다는 것은 다른 누군가는 수월한 업무를 맡았다는 겁니다.

선생님들의 성향과 경험, 각자 능력에 따라 수월한 업무와 어려운 업무가 각기 다를 수는 있습니다. 특히 새로 맡은 업무는 익숙하지 않아 어려움이 더합니다. 그리고 희한하게도 남들이 할 때는 쉬워 보였던 업무도 막상 자신이 맡아서 하면, 생각보다 만만치 않다는 것을 알게 됩니다. 그러면서 전년도에 업무를 맡았던 동료 교사의 어려운 고충도 알아챌 수 있습니다. 항상 남의 떡이 더 커 보이는 법입니다.

최근에는 학생 수 감소에 따라 학교에서 근무하는 교사 정원 수도 점점 줄고 있어, 기존 업무에다 하나둘씩 부수적인 업무들이 더 늘어 가는 상황입니다. 학생이 줄었다고 교사의 업무가 줄어드는 것이 아닙니다. 그렇다고 수업 시수가 주는 것도 아닙니다. 학급 당 학생 수만 줄어들고, 학급의 수는 그대로라면 교사별 수업 시수에는 변화가 없습니다. 오히려 학급 수가 줄어들면 학교에서 배정받을 수 있는 교사의 수가 줄어들면서 주당 수업 시수가 도리어 늘어나기도 합니다.

우물에 도끼를 빠뜨린 나무꾼 이야기가 생각납니다. 쇠도끼만 제 것이고 금도끼, 은도끼는 다 제 것이 아니라고 말했는데도 인자하신 산신령님께서 세 가지 도끼를 모두 건네주신 것처럼 업무를 떠맡게 됩니다. 금과 은은 팔아먹을 수라도 있는데, 업무는 팔아넘길 수도 없습니다.

교육청에서는 업무 경감을 위한 여러 정책을 내놓고 있지만, 학교라는 공간은 생각보다 쉽게 변하지 않습니다. 하지 않아도 되는 일도 '기존에 해 왔던 방식이 있어서, 감사에 지적될 수도 있어서, 교장 선생님의 지시가 있어서, 담당 장학사가 부탁해서, 학부모들이 원해서…' 등 바뀐 정책, 또는 자의적인 해석과 기타 다양한 이유로 인해 현장에서의 업무는 기대만큼 줄지 않습니다. 그렇다고 현재 상황만을 탓하며 손 놓고 있을 수도 없는 노릇입니다.

선생님 앞에 놓인 '업무 분장 희망조사서'.
결국 학교 구성원 중에 누군가는 해야 하는 일입니다.

당신은 몇 번이나 원하는 대로 희망 업무를 맡았는지요. 당신이 희망하는 업무만을 계속 맡았다면 그 업무는 다른 사람이 할 수 없는, 오직 당신만이 할 수 있는 '대체 불가'의 업무입니다. 그리고 업무에 대한 당신의 열정과 소신을 다른 사람들이 인정한 겁니다. 하지만, 그게 아니라면 배려와 양보를 해 주신 좋은 동료 교사들이 주위에 있는 겁니다. 당신은 복을 받은 겁니다. 그것도 아니라면, 당신이 협상의 전문가라 업무 분장의 여러 선택지 중에 어느 하나는 포기하고, 어느 하나를 얻어 내는 유연한 태도로 현명하게 대처해 왔을 수도 있습니다.

현재 당신이 처한 처지나 상황에 따라 업무 선택의 기준은 달라질 수 있습니다. 또한 당신의 적성, 능력과 경험에 따라 남들에게는 어려운 업무가 당신에게는 쉬울 수 있고, 남들에게 쉬운 업무가 당신에게는 어려울 수 있습니다. 그렇게 보면 어려운 업무, 쉬운 업무라고 하기보다는 원하는 업무, 원하지 않는 업무라고 해야 맞겠지요.

원하는 업무를 하는 해도 있을 것이며, 원하지 않는 업무를 해야만 하는 해도 있을 겁니다. 교직 생활을 하면서 누구나 겪는 일입니다. 그것도 당신이 교직 생활을 하는 동안 매년 되풀이될 겁니다.

그렇다면 방법이 없을까요? 행복은 기대했던 것과 실현된 것의 차이가 없을 때 생겨납니다. 그러면 업무 분장 결과에 대해서 큰 기대를 안 하는 것이 좋은 자세일까요? 그것도 나쁘지는 않지만 더 좋은 자세는 자신이 하는 일에 자신이 바라는 가치와 의미를 부여해 보는 겁니다.

업무 분장 결과를 대하는 당신의 자세는 어떤지요. 앞으로 업무 분장 결과를 대할 때에는 이런 자세를 지니는 것은 어떨까요?

- 올해 수월한 업무를 맡았다면 다음 해에는 어려운 업무, 남들이 하기 싫어하는 업무를 맡을 확률이 높아질 것이다.
- 올해 어려운 업무, 남들이 하기 싫어하는 업무를 맡았다면 내년에는 좀 더 수월한 업무를 맡을 확률이 높아질 것이다.
- 같은 업무를 한 해 더 해야 한다면 그건 적임자로 인정받았다는 뜻이고, 일 년 더 해 봤으니 작년보다 수월할 것이다.
- 한 해 쉬운 업무를 했으면 다음 한 해는 어려운 업무를 할 수도 있고, 이 학교에서 쉬운 업무를 했으면 다른 학교에서 어려운 업무를 할 수도 있다.
- 내가 하는 일을 통해 학생들이 더 성장할 수 있다. 동료 교사들이 행복할 수 있다. 학교에 있는 다수의 사람들이 행복할 수 있다.

이런 자세를 지닐 수 있는 당신이라면 교사가 아니라, 그 어떤 분야에 있더라도 성공했을 겁니다. 그리고 다른 사람의 존경도 함께 받게 될 겁니다. 아니, 최소한 위의 몇 가지라도 받아들일 수 있는 자세를 지녔다면 당신은 마음에 큰 그릇을 품고 사는 분입니다. 당신이 바로 이런 분은 아닌지요.

물론, 남들이 원하지 않는 업무를 혼자서만 원한다면 가장 이상적이겠지요. 처음에는 원하지 않는 업무였는데, 하다 보니 재미를 느끼게 되고 그것을 자신이 원하는 업무로 만들었다면 매우 바람직한 일이겠지요. 그렇게 수동적으로 떠밀려 업무를 맡았다고 하더라도 당신 스스로 선택했다고 믿기 바랍니다. 그런 훌륭한 분이 당신이었으면 합니다.

혹시라도 당신의 의지와 상관없이 매년 어려운 일만 했고, 학교를 옮길 때마다 어려운 일을 해 왔다고요? 그러면 당신은 다른 무엇으로 반드시 보상받으실 겁니다. 또 다른 복을 받으실 겁니다.

교원 평가에서 높은 점수를 받을 수도 있고, 우수 교원 표창을 받을 수도 있고, 교장 · 교감으로 승진을 할 수도 있습니다. 아니면 좋은 배우자를 만날 수도 있고, 혹시 자녀를 두신 분이라면 좋은 사윗감, 며느릿감을 얻을 수도 있습니다. 그것도 아니라면 자녀들이, 또 당신을 아시는 분들이 당신을 존경하고 본받아서 당신이 하고자 하는 모든 일이 술술 잘 풀릴 겁니다.

아직까지 이도 저도 해당 사항이 없다면 복권이라도 사 두세요.

신은 당신이 한 일들을 아시고 어떻게든 당신께 복을 주시려고 하시니까요.

당신의 탁월한 업무 능력을 스스로 믿어 보기 바랍니다. 모두가 당신의 능력을 인정하고 있습니다.

행복을 위한 처방전 23

수업 운영 능력보다는 좀 모자라도 된다는 생각으로 학교 업무에 대한 부담감 줄이기

- 실수했던 내용이나 노하우를 후임자에게 전달한다는 마음으로 시기별, 월별로 주요 업무 내용을 정리해서 기록합니다.
- 전년도 업무 담당자가 작성한 문서와 예산 내역을 살펴보고, 해당 업무에서 발생했던, 또는 발생할 수 있는 주요 감사 지적 사항에 대해 조언을 구합니다.
- 첫해는 잘하려고 하기보다는 무난하게 하는 것을 목표로 합니다. 다음 해에도 같은 업무를 맡게 된다면 그때 자기만의 방법을 찾거나 새로운 것들을 시도해 봅니다.
- 혹시라도 수업보다 업무가 더 적성에 맞다면 전문직 시험을 준비합니다.
- 어떤 업무를 맡더라도 그것이 자신을 성장시켜 나간다고 믿습니다.

오늘 못 한 '내 일'은 '내일' 걱정하자

별이 말을 건네다

1.
말 한마디 못 하고
직장이라는 정글의 먹이 사슬만
다시 확인한 회식 자리.

분명 퇴근을 했는데 퇴근이 아니다.
뭔가 듣지만 들리지 않는다.
하나도 웃기지 않지만 웃는다.
생각이 다르지만 맞다며 고개를 끄떡여준다.

듣는 척, 웃는 척해야
조금이라도 일찍 끝나는 자리이고,
다음날 그들과 함께 공존해 나갈 수 있음을
본능과 경험으로 알고 있다.

드디어

술잔에 담긴 피로와 침묵으로 막잔을 비우고

오늘 마지막 해야 할 일은

어르신들 집에 보내드리기.

목청 높았던 순서대로

하나둘 택시 태워 돌려보내고

헛개나무 함유된 음료수 하나 사 들고서

시외에 있는 집까지 홀로 걷는다.

제한 속도 넘는 차가 씽씽 속도 내어 달리는 길에

정자세로 도열해 있는 가로등이 날 환영해 주는데

사람 없는 도로 위에서는 왕이라도 된 듯 우쭐거리다

술기운에 서러움 날릴 노래 하나 불러본다.

저 멀리

침묵의 어둠을

몇십 광년, 아니 몇백 광년을

건너온 별빛이

반짝하며 나직이 나무란다.

너의 크기를 아냐고.

너의 시간을 아냐고.

너는 그냥 하루살이라고.

그러니 그냥 공연 끝난 짐승처럼
철창 속 우리로 돌아가 잠이나 자라고.
별님들 대화 나누시는데 시끄럽다고.

주위에 아무도 없는 것을 확인했지만
잔뜩 움츠린 나는 눈만 멀뚱거렸다.

2.
잠이 깬
술이 깬
새벽.

산처럼 앉아
별을 본다.
눈을 감는다.
감은 눈 속에도 별이 반짝인다.

호흡.
그리고 명상.
별의 소리를 듣는다.

사백 년의 인간 시간을 건넌 북극성이
속삭인다.

너냐고.
네가 부른 거냐고.
너 보려고 먼 길 떠나
지구까지 달려왔다고.

너 만나기 위해
긴 어둠의 시간 기다려왔다고.
너는 나처럼 하나의 빛나는 별이라고.
우주의 모든 시간과 공간이 너만을 위해 존재한다고.

그러니
오늘도,
내일도,
그다음 날도,

함께 살아내자고.
함께 힘내자고.
함께 빛나자고.

어떤 마음으로 밤하늘의 별을 보느냐에 따라 느끼는 감정도 달라집니다. 나를 야단치는 별이기도 했다가, 또 내게 위로를 주는 별이기도 합니다. 별을 싫어하는 사람이 있을까요? 당신도 나처럼 별을 보는 것을 좋아하는 사람일 겁니다.

내 어린 시절의 작디작은 기억 하나가 조각 빛으로 떠오릅니다. 열 살 즈음이었을 겁니다. 대중 목욕탕을 가기 위해 새벽에 일어났습니다. 어린 아이가 새벽에 일어난 것은 자발적인 의사 표현은 아니었겠죠. 첫 손님으로 목욕탕을 가야 막 받아 둔 깨끗한 욕탕 물로 개운하게 씻을 수 있으니까 아버지께서 이른 새벽에 어린아이를 깨우신 겁니다. 지금의 나보다 더 젊은 시절의 아버지가 지금의 제 아들보다 더 어린 시절의 나를 깨우신 겁니다. 초등학교 입학 전이었던 동생은 아버지와 함께 내 앞에서 걷고, 나는 목욕탕 용품들을 한 손에 들고 형 노릇을 하며 뒤따르고 있었습니다.

그때 기억을 떠올리면 남의 꿈을 훔쳐본 것처럼 묘한 감정이 앞섭니다. 가로등도 없었던 어느 골목길을 돌아설 때, 놀라운 광경을 보았습니다. 쏟아질 듯 가득했던 새벽하늘의 별들. 정말 경이로웠습니다. 별이 하늘을 수놓았다는 표현이 어떤 장면인지를 처음 알던 날이었습니다.

그날은 졸린 눈을 비비며 새벽에 일어나 목욕탕에 떠밀려 가던 날로 기억하지 않습니다.
어린 시절의 내가 알던 가장 큰 숫자보다도 훨씬 많은 별을 본 날로 기억합니다.

그리고 몇십 년이 훌쩍 지난 어느 날, 술에 취해 집으로 걸어가던 중이었습니다. 어린 시절 그때에 비해 그 수가 많이 부족했지만, 흐릿한 별빛들이 우산처럼 내 머리 위에 펼쳐져 있었습니다. 지구에서 수십 광년 떨어진, 나보다는 몇만 배는 더 오래 살았을 별들이 몇백 년 전에 내게 보냈을 메시지를 이제야 받았다는 생각이 들었습니다. 마치 내가 태어날 것을 예언이라도 한 듯이 말이죠. 내가 태어나기 훨씬 오랜 몇백 년 전에 출발해서, 과거의 시간에서부터 쉬지 않고 열심히 달려 내 눈에 도착한 별빛이 경이로웠습니다.

그리고 현재의 별. 내가 보든 안 보든 상관없이 그때처럼 변함없이 하늘을 수놓고 있는 별. 하지만 지금은 보이는 것보다 보이지 않는 것들이 훨씬 더 많아진 현재의 별. 이제는 자동차 불빛, 가로등, 건물에서 새어 나오는 형광등, LED 빛에 자리를 내어 준 현재의 별. 그 별을 보며 생각했습니다.

– 때로는 소심한 나를 나무라고, 때로는 상처받은 나를 위로해 주고…
– 별의 생애에 비하면 너무나 보잘것없는 순간을 살다가 가는 우리네 인생인데…
– 내게 바보 천치라고 놀리는 것 같아 얄밉기도 하고…
– 제자리에 멈춰서 움직이지 못하는 바보 천치인 별보다는 그래도 내가 더 낫다는 얼뜬 자부심도 잠깐 가져 보기도 하고…
– 별의 삶이 나을까? 내 삶이 나을까? 술 취한 김에 이런저런 잡념에 흐리멍덩한 정신으로 비실 웃어 보기도 하고…

그랬더니 이번에는 별이 나에게 말을 건네는 듯합니다.

– 너는 잠깐 살다가 가는 존재지만 대신 네가 원하는 삶을 살 수 있는 자유를 지녔다고…
– 몇 억 년을 존재한다 해도 밤보다 어두운 침묵의 삶을 선택하겠냐고…
– 그 선택의 갈림길에서 너는 인간을 선택해서 지구를 여행하고, 자신은 별을 선택해서 우주를 여행한다고…

이런저런 별과의 대화를 혼자 상상해 본 하루가 있었습니다. 그 당시의 일기를 보니 많이도 괴로웠나 봅니다. 또, 취하기도 했었나 봅니다. 남들이 꺼리는 업무를 맡아 힘들게 보냈던 한 해였습니다.

혼자서 처리할 수 있는 일이 아니라 여럿이 함께해야 하는 업무가 많다 보니 일은 늘 더디게 진행되었습니다. 어제 못 한 일을 오늘도 못 하고 내일로 미룹니다. 당연히 오늘 해야 할 일도 다 마치지 못하고 내일로 또 미룹니다. 그렇게 일을 매일 미루다 보니 다음 날, 그다음 날, 그다음 날의 다음 날도 일이 계속 쌓이기만 하고 그렇게 쌓인 일은 좀처럼 줄지가 않았습니다.

그 어떤 다른 해보다도 학교에서의 행복이 그렇게 많지 않던 한 해였습니다. 학교보다는 학교 밖에서 행복을 찾으러 여기저기 돌아다녔던 시절이었습니다.

주변의 사람보다는 밤하늘의 별이 위로해 주던 시절이었습니다.
지금은 무슨 일 때문에 괴로웠는지 기억도 정확히 나지 않습니다.
모두 꿈처럼 지나가 버렸습니다.

아마 일에 대한 욕심이 컸던 시절이었나 봅니다. 몸에 힘만 잔뜩 들어갔던 시절이었나 봅니다. 다른 사람들과 경쟁하면서 이기고 싶었나 봅니다. 호기로운 자만심으로 원하는 것 다 얻을 수 있을 거라고 믿던 시절이었나 봅니다.

살다 보니, 예측했던 결과대로 똑같이 되는 일은 없다는 것을 알게 되었습니다. 생각한 대로 이루려고 하기보다는 변화하는 상황을 적당히 수용하고 인정해야 하는 것을 알게 되었습니다. '이 정도면 나쁘지 않다.'는 생각으로 스스로 만족하는 삶이, 더 많은 것을 소유하기 위해 바삐 사는 삶보다 더 큰 행복을 준다는 것을 알게 되었습니다.

지금 당신이 그때의 나처럼 힘든 시기를 보내고 있지 않을까 걱정이 됩니다. 사람에게서 위로받지 못할 때 별이 당신을 위로해 줄 겁니다.

그 수많은 별들이 당신에게 위로의 말을 한마디씩 건넬 겁니다. 당신에게 위로의 말을 건네겠다는 별들이 너무 많아서 하루에 다 끝나지 않을 수도 있습니다. 그러면 다음 날에도, 그다음 날에도 위로를 받을 수 있을 겁니다.

낮에는 꽃밭에 핀 꽃들이 당신을 위로해 줄 겁니다. 여기저기 피어난 꽃송이마다 당신에게 위로의 말을 건넬 겁니다. 계절마다 새로운 꽃들이 나타나 당신을 위로할 겁니다. 당신은 그냥 예쁘게 보아만 주면 됩니다.

하는 일이 힘겨울 때는 잠깐 멈춰도 됩니다. 그리고 낮에는 꽃을 바라보고, 밤에는 별을 바라보세요. 밖으로 나갈 상황이 안 되면 유튜브에 '꽃밭

영상', '별 영상'으로 검색해서 컴퓨터 화면에 띄워 놓으세요.

그리고 노래 하나 불러 보세요. 속으로 불러도 상관없습니다. 꽃과 별을 보고 노래하는 것이 중요합니다. 떠오르는 노래가 없으면 이 노래도 괜찮습니다. 잘 아시는 노래일 겁니다. 노래 가사만 살짝 바꿔 반복해서 흥얼거려 보세요.

'당신은 교사 하기 위해 태어난 사람. 당신의 삶 속에서 그 사랑받고 있지요.'

모든 순간은 결국 다 지나갑니다. 당신을 꽉 붙들고 놓아주지 않을 것 같은 시간도 결국 지나갑니다. 지금 이 순간도 그 많은 순간에 하나일 뿐입니다. 어제가 지나 오늘이 왔듯이 오늘이 지나면 또 하나의 오늘, '내일'은 또 옵니다.

우리는 기계가 아니라 사람입니다.
지칠 수 있으니까 사람입니다.
우리는 신이 아니라 사람입니다.
미룰 수 있으니까 사람입니다.

마음의 무거운 짐을 좀 내려놓아도 괜찮습니다. 누가 잡아가지 않습니다. 힘이 없을 때는 힘이 날 때까지 기다렸다가 시작하면 됩니다. 매번 많은 일을 했다고 꼭 좋은 것은 아닙니다. 오늘은 너무 많은 것을 하지 않아도 됩니다. 당신의 내일이 또 다가옵니다. 그러니 오늘은 쉬어도 괜찮습니다.

기분 전환이 좀 되었다면 이렇게 외쳐 보세요.

'오늘 못 한 내 일은 내일(來日) 걱정하자.'

당신의 어깨를 토닥여 주고 싶은 날입니다.
오늘도 수고한 당신을 응원합니다.

행복을 위한 처방전 24

자신의 과거를 떠올려 보고, 어릴 적 추억의 장소 찾아가기

- 어릴 적 자신이 자란 동네, 자주 갔던 추억의 장소를 찾아갑니다.
- 자신이 졸업한 유치원, 초등학교, 중학교, 고등학교, 대학교를 찾아가서 그곳을 둘러봅니다.
- 떠오르는 과거의 장면이 있으면 그 장소, 그 자리에서 세상을 다시 바라봅니다.
- 자주 들렀던 음식점에서 추억의 메뉴를 시켜 먹습니다.
- 아쉽게도 추억의 장소가 사라졌다면 새로 바뀐 장소를 둘러 보거나 근처의 거리를 걷으며 지난 시절을 떠올려 봅니다.

학교에 나쁜 교사는 없다

25일

회의 중 딴생각

1.

불로장생(不老長生) 불로초보다는
하트 모양의 초콜릿이 있었으면.

한 번 먹으면
보이고 들리는 모든 것들을
사랑하게 만드는
하트 모양의 초콜릿이 있었으면.

결혼하라는 어머니의 잔소리가,
잠시 멈춰 거리를 바라보게 해 주는 빨간색 신호등이,
오늘도 학교까지 무사히 출근시켜 주는
주행거리 십만을 넘은 경차의 엔진 소리가,
유난히 사랑스럽겠지.

수업 시간 학생들 떠드는 소리가,
오늘도 책상 위에 엎드려 자는 아이의 코 고는 소리가,

심지어
얼마나 고쳐 쓰고 거울 앞에 서서 연습하셨을까.

교장 선생님의 도덕책 같은 훈화마저도
사랑스럽겠지.

2.
초능력이 있다,
내게는.

평범한 것들을 소중하게 바라보는
초능력.

눈을 들어 천장과 벽
천천히 교실 안을 둘러본다.
평범하지 않은 소중한 공간.

급식소에서 먹는 점심을
음미하면서 씹는다.
평범하지 않은 소중한 양식.

내 앞에 있는 학생의
눈빛을 하나하나 바라본다.
평범하지 않은 소중한 생명체.

이 모든 것들이
전혀 평범하지 않다.
소중한 것들이다.

내가 평범한 존재가 아닌 것처럼,
내가 나에게 소중한 것처럼,
내 주변의 모든 것들은
평범하지 않고 소중하다.

심지어
얼마나 고쳐 쓰고 거울 앞에 서서 연습하셨을까.

교장 선생님의 도덕책 같은 훈화마저도
평범하지 않고 소중하다.

집중하기 힘든 회의가 있습니다. 회의를 왜 하는지 이유도 모를 회의도 있습니다. 내가 원하는 시간과 공간에서, 함께하고픈 사람들과, 내가 원하는 일을, 원하는 만큼 하는 것이 행복이라고 어디선가 들은 것 같은데 그

걸 조금 변형해서 이렇게 표현해 봅니다.

> 나를 필요로 하는 시간과 공간에서, 나를 필요로 하는 사람들과, 나를 필요로 하는 일을, 내가 필요한 만큼 하는 것이 삶의 의미가 있습니다.

당신은 당신의 귀중한 시간에, 가기 싫은 공간에서, 함께 하고 싶지 않은 사람들과, 하고 싶지 않은 일을 계속해야 할 수도 있습니다. 운이 좋으면 가끔, 정말 운이 안 좋으면 삶의 대부분을 그렇게 보낼 수 있습니다. 결코 벗어날 수 없는 절망적이고 좌절스러운 나날의 반복입니다. 이때 필요한 것은 도파민과 세로토닌을 분비시키는 당분, 그리고 초능력.

> 늘어지게 지루한 오후, 회의의 반복.
> 서로의 아이디어를 구하는 회의가 아니라, 인쇄된 자료를 읽기만 하는 형식적인 회의들.
> 협의회라고 하지만 협의를 하지 않는 협의회.
> 생산적인 회의(會議)가 아니라, 회의(懷疑)가 드는 회의(會議)입니다.

교육청의 지침에 따라 업무 추진을 위해 학교에서 만들어야 하는 협의회는 그 수가 너무나 많습니다. 그뿐 아니라 수업이 없는 시간도 서로 달라 선생님들 회의 시간을 맞추는 것도 보통 어려운 일이 아닙니다. 학생들은 좋아라 하지만 회의가 길어져 수업에 늦게 들어갈 수밖에 없는 상황도 생깁니다. 생산적인 회의 진행이 쉽지 않습니다.

회의 과정에서 선생님들 간의 의견 충돌이 발생할 수도 있습니다. 민주적으로 협의하는 과정에서 갈등이 생기는 것은 자연스러운 현상이겠지만, 그것을 풀어 나가는 과정이 중요합니다. 의견 충돌이 자칫 서로의 자존심 싸움으로 번질 수도 있습니다. 회의 결과에 따라 누구에게는 유리한, 그리고 또 누구에게는 불리한 상황이 발생할 수도 있습니다. 당신이 참여하는 회의 모습은 어떻습니까.

소수의 말 많은 사람 중심으로 회의가 진행됩니다.
소수의 목소리 큰 사람 중심으로 회의가 진행됩니다.
소수의 말 잘하는 사람 중심으로 회의가 진행됩니다.

학교를 위한 회의가 아니라, 일부 구성원들을 위한 회의가 진행됩니다. 나머지는 한마디도 못 하고 그냥 들러리로 전락합니다. 처음에는 갈등을 피하기 위해 뒤로 물러나 있던 분들도 회의(懷疑)가 드는 회의(會議)에 스스로 들러리를 자처합니다. 회의(懷疑) 속에서도 회의(會議)를 해야 할 때는 이런 방법을 사용해 봅시다.

회의를 시작하기 전에 초콜릿이나 사탕을 먹습니다.
지금 입안에서 살살 녹는 초콜릿, 사탕 한 조각이 초능력을 주는 간식이라 생각합니다.

그리고 당신 앞에 놓인 사물들, 시간들, 공간들을 소중한 것이라 믿습니다. 특히, 당신 앞에 놓인 사람들을 소중한 존재라고 믿습니다. 진실한 마음으로 소중한 존재라 믿으시면 더 좋습니다.

이제, 당신이 모든 것을 소중하게 바라보는 눈과 귀를 가졌다고 생각합니다. 당신이 모든 것을 사랑으로 바라보는 눈과 귀를 가졌다고 생각합니다. 그리고 당신의 고운 눈으로 그들을 바라보고, 당신의 순한 귀로 그들의 말을 경청합니다.

– 자신의 의견을 내기 위해 얼마나 많은 고민을 했을까.
– 학교 일에 적극적으로 참여하려는 태도가 보기 좋다.
– 나는 그들의 의견을 경청할 수 있는 큰 그릇을 마음속에 지녔다.
– 일단, 저 사람의 의견을 수용하고 시도해 보자.

사랑으로 보면 모든 것이 사랑스럽습니다. 사랑으로 들으면 모든 것이 사랑스럽습니다. 사랑에 감염된 눈과 귀로 감각 및 신경 정보를 처리하는 당신의 뇌를 속이는 겁니다. 정확히 말하면 당신의 뇌를 새롭게 가르쳐야 합니다.

'내 앞에 있는 모든 것이 사랑스럽다. 소중하다.' 그렇게 열 번을 외칩니다.
그리고 이제 당신 앞에 있는 사람을 다시 바라보세요.

이때 미소를 지으면서 상대방을 바라보면 더욱 효과가 좋습니다. 도저히 사랑스럽고 소중하게 여길 수 없는 사람들이라 생각되더라도 일단 참고 시도해 보세요. 그 사람을 사랑스럽고 소중하게 여기게 된다면, 당신의 인품은 더욱 훌륭해질 겁니다. 당신의 그릇은 더욱 커질 겁니다.

지루한 회의 시간이 자신을 성장시킬 수 있는 좋은 시간이라고 믿으세요. 반복된 훈련으로 최소한 과거보다 그 사람을 더 미워하지 않을 수 있다면 나름 성공한 겁니다. 한 단계 더 도약한 겁니다. 시도해 보세요.

힘든 회의에 참여할 때에는 초콜릿 한 조각, 그게 없으면 사탕 하나 입에 넣고 들어가기.
그리고 뇌를 속여 '내 앞에 있는 모든 것이 사랑스럽다, 소중하다.'고 믿기.

잘 안 된다고요? 실망하지 마세요. 처음부터 잘되는 것은 없습니다. 다음 회의 때 다시 시도해 보세요. 또 안 된다고요? 내일모레 다시 시도하세요. 그렇게 매일 하는 것이 수행입니다.

평소 생각이 달랐던 동료 교사에게 초콜릿이나 사탕을 먼저 권하셔도 좋습니다. 혹시나 먼저 권하지도 않았는데 동료 교사가 초콜릿이나 사탕을 입에 넣고 있다면 놀랍게도 당신과 같은 수련을 하고 있는 중인 겁니다. 그리고 '이건 도저히 말도 안 된다.'고 생각할지 모르겠지만 동료 교사가 당신 때문에 '초콜릿' 수련을 하는지도 모를 일입니다.

그러니, 당신과 생각을 공유하는 부분이 있을 거라 믿으시고, 동료 의식을 온전하게 느끼기 바랍니다. 대화 한 번 제대로 나눈 적 없는 분이라 할지라도 친하게 지낼 수 있는 기회가 온 것이라 생각하세요.

서로가 처한 환경이나 각자의 경험이 서로 달라서 논의하는 문제를 바라보는 관점과 해결 방안이 다를 뿐입니다. 「세상에 나쁜 개는 없다」는 제목의 방송 프로그램이 있습니다. 그걸 좀 변형해서 이렇게 표현해 볼 수 있습니다.

'세상에 나쁜 개는 없는 것처럼 학교에 나쁜 교사는 없다!'

당신과 생각이 다르다고 나쁜 사람이라 규정해서는 안 됩니다. 당신이 상대방을 나쁜 사람이라고 규정하면 상대방도 같은 생각을 합니다. 당신이 상대방을 좋은 사람이라고 규정하면 상대방도 같은 생각을 합니다. 자, 회의가 시작됩니다. 어떤 자세와 태도로 회의에 참여하실 건가요.

회의의 목적은 언쟁에서 이기는 것이 아니라, 문제를 해결하는 것입니다. 서로 협력해야 합니다.

이제 회의에 들어가기 전에 스스로에게 주문을 걸어 보세요.

– 나를 필요로 하는 시간과 공간에서, 나를 필요로 하는 사람들과, 나를 필요로 하는 일을, 내가 필요한 만큼 하고 있다.

회의에 모인 사람들은 모두 같은 편입니다. 상대방은 좋은 사람입니다. 상대방의 좋은 아이디어에 경의를 표하기 바랍니다. 행복한 회의를 상상해 보세요. 당신이 상상한 대로 회의가 진행되는 놀라운 경험을 하게 될 겁니다.

행복을 위한 처방전 25

인물 관계도를 그려 보고 친밀도, 호감도 점수 주기

- 자신을 중심에 놓고 주변에 있는 동료 교직원들과의 인물 관계도를 그린 후 10점 만점의 친밀도와 호감도 점수를 각각 줍니다.
- 호감도 점수는 높지만, 친밀도 점수가 낮은 상대방과의 좋은 관계 형성을 위해 노력합니다.
- 대화를 하기 전에 상대방에 대한 정보, 흥미나 관심 등에 대해 미리 파악해 둡니다.

상대방의 그 어떤 말이라도 당연히 옳다

1(일), 2(이)

1이 있었다.
2도 있었다.
1도 있고 2도 있는 것이
1, 2가 있는 — 일리가 있는 이야기다.

1이 옳다고 한다.
2도 옳다고 한다.
1도 옳고 2도 옳은 것이
일리가 있는 이야기다.

그러니
이제,
제발 그만….

1이 옳고

2도 옳은 것이
일리가 있는 이야기처럼

네가 옳고,
나도 옳은 것이
일리가 있는 이야기니까.

학교는 다양한 생각을 가진 사람들이 함께 살아가는 공간입니다. 학교라는 공간에 함께 있지만 하는 일, 타고난 성향, 성장 과정이 다르기 때문에 서로가 추구하는 교육관, 교직관 등도 역시 다릅니다. 그 가치관들이 상존해 있다가 뭔가 하나를 결정해야 하는 순간이 오면 가끔은 첨예하게 대립하며 부딪치고, 얽히고설켜 갈등이 생깁니다.

그 과정에서 상대방의 생각과 행동은 '다른 것'이 아닌 '틀린 것'으로 규정합니다.
자신의 생각과 행동만을 '옳은 것'으로 규정합니다.

그것이 점점 확대되어 편을 가르게 되면, 교직원들 간의 '끼리끼리 문화'가 생겨납니다. 나와 생각이 같은 사람의 이야기만 듣게 되고, 생각이 다른 사람의 이야기는 귀 기울이지 않습니다. 그러면 그 관계는 점점 더 멀어지게 됩니다. 조선시대 때 정승을 지낸 황희의 유명한 일화를 한 번쯤 들었을 겁니다.

하루는 황희 정승 집에 있던 계집종 두 사람이 다투다가 한 계집종이 황희 정승에게 와서 자기 사정을 하소연했습니다. 이에 황희 정승은 "네 말이 옳구나."라고 답했습니다. 그러자 다른 계집종도 황희 정승에게 가서 자기가 옳다고 주장했고, 황희 정승은 이에 "네 말도 옳다." 라고 답했습니다.

그 옆에서 이 광경을 지켜보던 조카가 "아저씨는 너무 흐리멍덩하십니다. 아무는 이렇고 아무는 저와 같으니 이것은 옳고 저것은 잘못되었다 해 주어야 하지 않겠습니까?"라고 하자, 황희 정승은 또다시 "너의 말도 옳다."라고 말하며 끝내 옳고 그름을 판가름해 주지 않았습니다.

이것이 다섯 임금을 모시며 영의정 18년, 좌의정 5년, 우의정 1년, 모두 합해 24년 동안 정승으로 지낸 황희의 유명한 '네 말이 옳구나(여언시야: 汝言是也)' 일화입니다. 이 일화는 갈등이 심한 학교에서 당신이 갖추어야 할 자세를 깨우쳐 줍니다.

나도 옳고, 너도 옳고.
학생도 옳고, 교사도 옳고.
교장 선생님도 옳고, 학부모도 옳고.
상대방의 말은 그 어떤 말이라도 당연히 옳은 겁니다.

서로가 서로의 의견이나 가치관을 존중해 주고 이해해 주는 것. 학교에서만 필요한 것이 아니라 가정, 사회, 어디에서나 필요한 인간의 기본적인 덕목이지요. 하지만 어느 하나만을 결정해야 하는 상황에서는 어떻게 해야 할까요?

각종 협의회나 교무 회의에서 구성원들의 의견을 모아 민주적인 절차에 걸쳐 협의하고 결정해야겠지만, 회의에서의 결정된 것을 어느 누구의 의견은 선택되고, 다른 누구의 의견은 버려졌다고 생각해서는 안 됩니다. 이번에는 이 선생님의 의견을 따르지만, 다음에는 저 선생님의 의견으로 해보자는 것으로 마무리하거나, 다음번에는 기존의 것을 그대로 따르기보다는 그때 상황에 따라 다시 논의해 본다고 여지를 남겨 두어야 합니다.

그렇지 않으면 서로의 의견 충돌로 갈등이 생기고, 논쟁으로 인한 갈등을 피하고 싶은 상대방은 자신이 하고 싶은 말을 숨깁니다. 다음 회의에서도 당신이 자신의 의견만이 옳다고 주장한다면, 갈등을 피하고픈 상대방은 자신의 의견을 말하지 않게 됩니다. 심지어는 회의 주제에 대한 흥미와 관심도 떨어지게 됩니다. 이때 당신은 당신의 주장에 상대방이 인정해서 반대 의견을 내지 않았다고 오해할 우려가 있습니다. 그러면서 당신은 늘 타당한 의견만을 제시하는 사람, 상대방은 당신의 의견을 믿고 따라 주는 사람으로 오해하게 됩니다.

'말이 없다는 것'이 '동의한다는 것'을 의미하지는 않습니다. 말을 하지 않음으로 반대 의견을 표현한 것일 수도 있습니다. 그래서 당신의 의견에 대해 어떻게 생각하는지, 상대방은 어떤 견해를 가지는지 반드시 대화를 통해 확인해야 합니다. 당신이 말하고 싶은 만큼 상대방의 이야기에 경청해야 합니다.

우리는 있는 그대로의 세상을 보는 것이 아닙니다.
자신의 경험과 자신이 옳다고 믿는 가치에 따라 세상을 바라보고 이해합니다.

정확히 말하면 세상을 보는 것이 아니라, 자신의 가치관에 따라 세상을 해석합니다. 상대방에게 의도적으로 위해를 가하고 신체적, 정신적 피해를 주는 것이 아니라면 각자의 경험과 지식에서 빚어진 가치관은 존중받아야 합니다. 더구나 학생들을 가르치는 교사라면 토의와 토론의 과정에서 더욱 모범을 보여야겠지요.

'내가 그것을 옳다고 생각하니까, 정상적인 생각을 가진 사람이라면 누구나 그것을 옳다고 생각할 것'이라고 믿는 것, 그 자체가 비정상입니다.

•

사실, 부끄러운 고백이지만 나 역시 그렇게 자신감 넘치게 말할 정도로 떳떳하게 살아온 것은 아닙니다. 과거의 나는 말할 것도 없고, 지금의 나도 내 주장만 다른 사람에게 강요하며 살아왔습니다. 나부터 고쳐 나가도록 하겠습니다. 다음의 말들을 꼭 기억하며 살겠습니다.

– 당신이 옳습니다.
– 그럴 수도 있겠네요.
– 당신의 의견을 존중합니다.
– 정말 좋은 아이디어입니다.

– 좋은 의견을 주셔서 감사합니다.
– 충분히 일리가 있는 의견입니다.
– 그런 근거라면 당신의 의견이 매우 합리적입니다.
– 그 의견에는 제가 미처 생각하지 못한 부분이 있습니다.
– 일단 의견대로 진행해 보고, 보완할 부분이 생기면 다시 말씀드리겠습니다.

이미 이렇게 실천하고 있는 당신에게 내가 잊을 때마다 따끔하게 나를 타일러 말씀해 주기를 간곡하게 부탁드립니다.

부탁, 들어주실 거죠? 역시, 당신입니다. 고맙습니다.

행복을 위한 처방전 26

상대방이 하는 말, 경청하기

- 상대방이 말을 하고 있을 때, 절대 중간에 말을 끊지 않습니다.
- '그럴 수도 있겠네요. 일리가 있습니다.'라고 하며 일단 의견을 수용합니다.
- '이런 문제점은 없을까요?'라고 물으며 상대방이 스스로 자신의 의견을 수정하고 보완해 나갈 수 있도록 도와줍니다.

여유를 만드는 것도 능력이다

27일

3, 4 또는 삶, 死

일 더하기 일은
2가 아니라
중노동이라는 우스갯소리가 있었는데.

살면서 일을
얼마나 했을까
잠시 생각해 본다.

어제는
아침에 일하고,
점심에 일하고,
저녁에 일하고.

오늘도
아침에 1하고,

점심에 1하고,

저녁에 1하고

그렇게

일 더하기, 일 더하기, 일 더하기는

삼.

또는 3.

또는 삶.

거기다 일을 하나 더하면.

사.

또는 4.

또는 死.

전혀 웃음이 나오지 않은

우스갯소리가 되어버렸다.

교사에게 학교는 직장입니다. 학교는 직장인으로서 일을 하는 공간입니다. 교육하는 행위를 '일'이라고 하니까 '노동'이라고도 할 수 있지 않느냐, 그러니 교사도 노동자라 할 수 있지 않느냐는 논란에 대해 철학적, 정치적으로 다루려는 것은 아닙니다.

'일'이라는 단어를 좀 더 넓은 의미로 해석하여 '목적성을 가지고 무언가를 하는 모든 행위'를 '일'이라 전제하고 이야기를 할까 합니다.

일이라는 것은 삶을 영위하는 데에 있어 반드시 필요한 행위입니다. 기본적으로는 자신의 노동을 제공하여 소득을 창출하는 경제적인 활동이기도 하지만, 일을 하는 과정과 그 결과를 통해 일을 하는 의미와 가치도 만듭니다. 거기서 자아실현과 자기 성장을 통해 만족감을 느낄 수도 있습니다.

자신이 지불한 대가보다 더 많은 것을 얻을 수 있다면, 자신이 하는 일에 대한 만족감은 큽니다. 하지만 그 반대의 상황이 되면 불만족스럽다고 생각합니다. 자신이 감내할 수 있는 육체적, 정신적 범위 내에서 일을 한다면 그 일을 반복해서 할 수 있습니다. 하지만 자신의 한계를 벗어난 일을 하게 되고, 그것이 지속된다면 결국 육체적인 병이 생깁니다. 여기에 불만족스러운 상황이 겹치게 되면 정신적인 병도 같이 생깁니다. 물론 젖먹던 힘까지 다해야 하는 순간도 있습니다. 하지만 그 같은 행위를 매일 하면서 쉬지 않는다면 결국 번아웃(burnout)이 오게 됩니다.

우리는 운전을 할 때 계기판에 그려진 최고 속도까지 액셀러레이터를 밟지는 않습니다.
항상 그 이하에서 달립니다.

도로에 표시된 제한 속도 이하로 달려야 안전하고, 심리적으로 편안한 운전을 할 수 있습니다. 제한 속도가 없는 곳이라 할지라도 액셀러레이터를 끝까지 계속 밟는 운전자는 없습니다. 그렇게 계속 달리다가는 위험한 운전인 것은 말할 것도 없고, 자동차의 성능에 무리가 간다는 것을 알고 있기 때문입니다.

설령 더 높은 속도를 내기 위해 액셀러레이터를 가장 깊이 밟는다고 해도, 최고 속도까지 올라가지 않습니다. 자동차 제조사에서는 스피드 리미터(Speed Limiter)라고 부르는 속도제한장치를 통해 자동차가 정해진 속도 이상으로 달리는 것을 막기 때문입니다. 당연히 사고 예방을 위한 조치입니다.

당신의 몸도 마찬가지입니다. 모든 힘을 소모하여 사고나 고장이 나기 전에 스스로 멈출 줄 알아야 합니다. 잘 관리한 자동차처럼 오래 타기 위해서는 평소에 자신이 최대로 쓸 수 있는 힘의 80% 정도만을 사용하는 것이 좋습니다. 나머지 20% 이상의 힘을 항상 비축해 두어야 합니다. 그래야 혹시라도 생길지 모를 위급한 상황에서 아껴 둔 힘을 사용할 수가 있습니다.

수업을 할 때도 당신이 사용할 수 있는 힘과 능력의 80% 이하만 사용하세요.
업무를 할 때도 당신이 사용할 수 있는 힘과 능력의 80% 이하만 사용하세요.

새로운 과제가 생기면 평소 해 왔던 일들 중에서 우선순위를 두고, 필요

없는 일에 사용되는 힘과 능력을 줄여야 합니다. 그래서 줄인 힘과 능력을 새로운 일에 집중해서 사용해야 합니다. 아니면 그 전에 미리 더 많은 힘과 능력을 비축해 두어야 합니다. 그래야 예상하지 못한 돌발 변수가 생기더라도 대응할 수 있습니다.

평소보다 더 많은 힘과 능력을 사용했으면, 그 즉시 80% 이하로 낮출 수 있도록 해야 합니다. 만약 비상 상황이라 어쩔 수 없이 100%에 가까운 힘과 능력을 사용했다면 반드시 재충전의 시간을 가져야 합니다. 자신의 의지력으로 일을 멈추고, 다시 원래의 상태로 만들기 위해 당분간은 50% 이하의 힘과 능력만 사용해서 최대한 빠른 시간 내에 원래의 상태로 복구할 수 있도록 해야 합니다.

이 과정에서 상대방의 칭찬이나 격려에 절대 현혹되면 안 됩니다. 당신을 진정 위하는 사람이라면 당신이 지쳐 보일 때 쉬라고 말합니다. 멈추지 말고 계속 힘을 쏟아야 한다고 말하지 않습니다.

당신은 사업가가 아닙니다. 자신이 하는 일을 다른 사람에게 위임하면서 사업을 계속 키워 나가는 사업가가 아닙니다. 당신은 올해만 가르치고 끝나는 것이 아니라, 내년에도 계속해서 가르쳐야 합니다. 교사라는 직업은 사업가처럼 다른 사람을 고용하여 자신이 하는 일을 다른 사람에게 위임할 수 없습니다.

올해 당신의 모든 것을 쏟아부어서 수업과 업무를 잘 수행했다고 하더라도, 다음 해에 작년과 같은 열정과 에너지를 보여 줄 수 없다면 그건 잘한 것이라 할 수 없습니다. 꾸준하게 잘 살아 내기 위해서는 80%까지만 일

하고, 20% 이상의 정신적인 여유와 육체적인 여유를 항상 지녀야 합니다.

바쁜 일과 중에서도 일하는 척하면서 여유를 누리는 방법이 있어 소개합니다.

정신과 의사인 프랑수아 를로르의 『꾸뻬씨의 행복 여행』에서는 행복에 관한 스물세 가지의 가르침을 제시합니다. 그중 하나가 "행복은 알려지지 않은 아름다운 산속을 걷는 것이다."라고 했습니다.[22] 행복에 이를 수 있는 가장 쉬운 방법 중 하나가 사람이 많지 않은 산속을 걷는 겁니다. 가까운 동네 뒷산만 걸어도 계절마다 바뀌는 풍경들이 나를 위해 준비한 신의 선물이라 여길 때도 있습니다.

산길이면 더 좋겠지만 학교에서도 비슷한 행복을 느낄 수 있습니다. 수업이 없는 시간에 이 건물, 저 건물 사이를 한 걸음, 한 걸음 사뿐히 걷습니다. 그리고 산속을 걷는다고 상상합니다. 그러면서 학교 건물 안에 걸려 있는 재학생, 졸업생들의 그림이나 시화, 여러 활동 사진들을 들여다보며 거기에 담았을 학생들의 마음을 헤아려 보세요.

– 이 그림이나 시화에 어떤 마음을 담고자 했을까.
– 이 그림이나 시화를 자신이 창작했다는 것을 기억하면서 살고 있을까.
– 가끔은 자신이 다녔던 그 시절의 학교가 그리울까.
– 지금은 어디서 무엇을 하면서 살고 있을까.
– 어른이 된 지금, 작품을 다시 만들라고 하면 어떤 시를 쓰고, 어떤 그림을 그릴까.

이런 생각들을 하면서 학교 건물을 걷다 보면 오래된 학교 건물이 고풍스러운 미술관이나 박물관처럼 행복과 감동을 주는 공간이 됩니다. 가끔은 건물 계단을 오를 때 계단의 수가 몇 개인지 헤아려 보기도 하고, 교무실까지 몇 걸음에 갈 수 있는지 측정해 보기도 합니다. 천장 구석에 있는 거미줄 주인의 생사를 궁금해하기도 하고, 금이 간 벽을 만지며 상처 난 피부를 보듯 어루만져 보기도 합니다. 그러면 낡고 허름했던 학교 건물이 새롭게 보입니다. 단, 이때는 결재판 하나 옆구리에 끼고 있어야 합니다.

남들 눈에 뭔가를 하고 있는 척은 해야죠.
그래야 다른 사람이 당신을 낯선 시선으로 바라보지 않습니다.

지금까지는 업무 때문에 이곳저곳을 급한 걸음으로 돌아다녔다면 이제는 좀 더 여유로운 마음으로 학교 곳곳에 있는 새로운 것들을 구경하듯이 걸어 보세요. 잠시나마 여유로운 시간을 만들 수 있습니다.

여유란 완전히 지치기 전에 가져야 의미가 있습니다.
여유를 만드는 것도 당신의 능력입니다.

다 지친 후에 휴식의 시간을 찾는 것은 여유가 아니라 포기입니다. 여유를 가지고 일과 휴식의 시간을 조절할 수 있어야 지치지 않습니다. 여유는 자신의 의지로 만들 수 있어야 합니다. 다른 누군가가 당신을 위해 만들어 주는 것이 아닙니다. 다른 사람이 당신에게 하는 말과 행동에만 민감하게 반응하지 마시고, 당신의 몸이 주는 신호에 더 민감하게 반응해 보세요. 자기 몸 관리를 잘하는 교사가 훌륭한 교사입니다.

운동을 꾸준히 해 온 분들은 압니다. 팔굽혀 펴기나 턱걸이를 평소 열 개 하는 사람은 처음 한 개에서 두 개로 넘어가는 것은 전혀 문제가 되지 않습니다. 하지만 자신의 '한계'를 넘는 열한 개, 열두 개를 시도할 때는 '한 개'를 더 하기 위해서 엄청난 힘을 쥐어짜 내야 합니다.

물론, 그 한계를 넘어서면 다음 단계로 성장할 수 있는 기회가 될 수 있습니다. 하지만 지나치게 무리하거나 타인의 강요에 의해 자신의 능력치를 넘어서게 되면, 중심을 잃고 모든 것이 무너집니다. 벽돌 한 장씩 차곡차곡 쌓아 올려 중심을 잡고 있는 탑이라 할지라도 단 한 장 더 쌓아 올리려는 욕심 때문에 중심을 잃고 무너질 수 있습니다.

제일 중요한 건 당신의 건강입니다.

자신을 위해서, 가족을 위해서, 그리고 선생님의 수업을 듣는 학생들을 위해서라도 자신의 건강을 꼭 챙기기 바랍니다. 신께서 당신에게 밤이라는 어둠의 시간을 만들어 주시고, 그 시간에 잠을 자게 하는 이유가 있습니다. 그러니 컨디션이 좋지 않으면 모든 일 미뤄 두고 일찍 집에 가서 쉬어야 합니다. 그것을 죄악이라고 생각하지 마세요. 내일을 위해서 오늘 잠시 쉬는 겁니다.

몸이 아프면 교감, 교장 선생님께 말씀드리고 '병지각, 병조퇴, 병가'를 사용해 보세요. 더 큰 병을 만들기 전에 미리 예방해야 합니다. '병지각, 병조퇴, 병가'를 사용하는 것은 몸이 아플 때 사용할 수 있는 당신의 당연한 권리입니다. 아픈 것을 참아 내고 수업을 했다고 훌륭한 교사가 되는 것이 아닙니다. 세상이 변했습니다. 감기에 걸렸다면 자신으로 인해 학생들이 전염되지 않도록 더욱 신경 쓰고 조심해야 훌륭한 교사입니다.

당신의 건강이 제일 중요합니다. 건강한 다음에야 누릴 수 있는 것이 당신의 행복이니까요.

행복을 위한 처방전 27

행복한 삶을 지키기 위한 여유 만들기

- 책상 위에 식물 하나 키우고 한 달에 한 번 사진 촬영하며 성장 과정을 지켜봅니다.
- 학창 시절에 즐겨 들었던 음악을 찾아서 듣습니다.
- 앞에 있는 사물 아무거나 보고 스케치 또는 낙서를 합니다.
- 신체적 활동이 가능한 운동을 정기적으로 하거나, 취미 활동이 가능한 학원 등을 등록해서 꾸준히 다닙니다.
- 글을 읽다가 좋은 글귀가 있으면 연습장에 반복해서 씁니다.
- 예전에 봤던 책 중 기억에 남는 책이 있으면 다시 읽습니다.

5, 늘

5,
라는 숫자를
들여다보다가 문득,

5…
하고 천천히 숨을 들이마시니
보이는 모든 것들이 멈춘다.

5… 하고 다시 숨을 내뱉으니
보이는 모든 것들이 편안해진다.
5… 하고 다시 숨을 들이마시니
보이는 모든 것들이 감탄스럽다.
5… 하고 다시 숨을 내뱉으니
보이는 모든 것들이 사랑스럽다.

오, 이 모든 것들이
늘, 내 곁에 있었는데,

아무것도 보지 못하는 부릅뜬 눈으로
앞선 발자국 행여 놓칠까
조바심에 어제까지 쫓아다녔다.

오…
늘…
항상
눈부시게
내 앞에서
번져 갔던
번져 가는
번져 갈
바로

오늘!

무언가를 보고 감탄할 수 있다는 것, 무언가를 보고 행복할 수 있다는 것. 그것은 축복입니다. 감탄할 수 있는 사람이 행복을 압니다. 행복을 아는 사람이 감탄할 수 있습니다. 당신은 감탄할 줄 아는 사람인지요.

어떤 사물을 보더라도 거기서 놀라움을 발견할 수 있는 사람. 어떤 학생을 보더라도 거기서 놀라운 능력을 발견할 수 있는 선생님. 매일 보는 똑같은 사물, 매일 만나는 똑같은 학생이라 할지라도 그 사물에서, 그 학생에게서 놀라운 것, 아름다운 것, 감탄할 만한 것, 사랑스러운 것들을 찾아내는 교사라면 하루하루가 '오!' 하고 감탄하면서 '늘…' 새로울 겁니다.

당신의 오늘이 그러하기를 진심으로 바랍니다. 오늘을 여는 아침, 출근 전까지 당신이 한 일이 궁금합니다. 최대한 늦게까지 잠을 잔 후, 일어나자마자 씻고, 옷 갈아입고, 바로 출근하는 분은 아닌지요. 뭔가에 쫓겨 오늘을 시작한다면 이미 오늘의 주도권을 자신이 아닌 다른 무언가가 쥐고 있을 확률이 높습니다. 당신의 권한을 외부 환경에 넘겨준 겁니다.

나의 오늘은 내가 지배해야 합니다.

그러기 위해서 오늘 아침을 잘 보내야 합니다. 시작이 좋아야 모든 것이 잘 풀리니, 아침을 잘 보내야 오늘을 잘 보낼 수가 있습니다. 그래서, 당신에게 나의 아침을 소개합니다.

나는 아침에 명상을 합니다. 아침 명상은 기분을 상쾌하게 합니다. 명상을 어떻게 하느냐보다도 아침에 명상하는 시간을 습관으로 만들어 꾸준히 하는 것이 더 중요합니다.

우선 아침에 일어나면, 맨 먼저 이불을 정리합니다. 이어서, 세수하고 물 한 잔을 마십니다. 그리고, 명상할 수 있는 공간으로 갑니다. 그 공간에

전등을 굳이 켤 필요는 없습니다. 활동에 불편함이 없다면 어두울수록 좋습니다.

명상하는 자리에서 자신이 원하는 방향을 향해 섭니다. 그 방향은 창이 있는 곳일 수도 있고, 남쪽일 수도 있고, 자신의 목표를 써서 붙여 놓은 벽일 수도 있습니다. 그리고 학교일 수도 있고, 자신이 나고 자란 고향일 수도 있습니다. 어디든 좋습니다. 단, 어디를 향하든 그 방향에 의미를 부여하면 좋습니다.

먼저, '○○○○년 ○월 ○일 ○요일의 아침 의식을 시작합니다.'라고 속으로 말합니다.

눈을 감고 호흡을 합니다. 선 채로 숨을 깊이 들이마시고, 다시 내뱉기를 천천히 3회 반복합니다. 코로 숨을 들이마시면 코로 숨을 내뱉고, 입으로 숨을 들이마시면 입으로 숨을 내뱉습니다. 그러면 숨을 들이마시고 내뱉은 호흡의 속도가 같아서 좋습니다. 코로 마시고 입으로 내뱉어도 좋습니다. 그러면 큰 한숨을 내뱉는 것 같아 좋습니다. 입으로 마시고 코로 내뱉어도 좋습니다. 수영할 때의 호흡법과 유사해서 물살을 가르는 느낌이 있어 좋습니다. 천천히 숨을 쉬고 마시는 행위만으로도 마음의 여유가 생기는 것을 느끼게 됩니다. 이렇게 호흡으로 몸 전체를 안정시켜 줍니다. 이 과정에 따라 호흡을 3회 정도 천천히 하면 약 1분 정도 걸립니다.

다음에는 두 팔을 양쪽으로 벌렸다가 하늘을 향해 쭉 편 후, 다시 가슴 앞으로 두 손을 모읍니다. 그리고 절을 합니다. 절을 할 때는 하나의 동작에서 다음 동작으로 이어질 때마다 기분이 좋아지는 단어들을 하나씩 말합니다.

첫 번째 절을 할 때, 다음과 같은 동작에 따라 단어를 말합니다.

양팔을 벌리면서 '다행'.

벌린 양팔을 머리 위로 올려 손을 하나로 모으고 가슴 앞까지 내리면서 '만족'.

무릎을 꿇으면서 '감사'.

상체를 굽혀 머리를 바닥까지 붙이면서 '겸손'.

허리를 세우고 다시 두 손을 가슴 앞으로 모으면서 '배움'.

무릎을 세우고 일어나면서 '극기'.

두 번째 절을 할 때 다시 양팔을 벌리면서 '수용'.

벌린 양팔을 머리 위로 올려 손을 하나로 모으고 가슴 앞까지 내리면서 '여유'.

무릎을 꿇으면서 '웃음'.

상체를 굽혀 머리를 바닥까지 붙이면서 '인내'.

허리를 세우고 다시 두 손을 가슴 앞으로 모으면서 '긍정'.

무릎을 세우고 일어나면서 '건강'.

세 번째 절을 할 때는 '자신감, 도전, 용기, 성찰, 성장, 성숙'.

네 번째 절을 할 때는 '배려, 관용, 용서, 균형, 평정, 행복'.

절을 한 번 할 때마다 여섯 개의 단어가 하나의 세트가 됩니다. 총 네 번의 절을 하면서 스물네 개의 단어를 말하고, 네 번의 절을 1회 더 반복해서 총 여덟 번의 절을 합니다. 절을 한 번 할 때마다 대략 30초 내외 정도의 시간이 걸리니 여덟 번의 절을 하면 총 4~5분 정도가 걸립니다. 이렇게 각각의 동작과 함께 단어들을 읊조리면 단어들을 순서대로 모두 기억해 낼 수 있습니다.

여기에 제시한 단어들의 순서를 바꿔도 좋고, 당신이 좋아하는 단어만 고르거나 새로운 단어를 더 추가해도 좋습니다. 당신이 좋아하는 단어, 바라는 단어, 원하는 것, 추구하는 목표등 다 괜찮습니다. 이 단어들을 머릿속에서 자주 떠올리는 습관을 지녀야 합니다. 그 단어들이 당신의 머릿속을 지배하고 행동으로 스며들 수 있도록 하는 것이 중요합니다.

절이 끝나면 눈을 감고 양팔을 벌립니다. 그리고 오른발을 살짝 들고 왼발로 몸 전체의 중심을 잡습니다. 이때는 '당신이 옳다. 그대도 옳다. 너도 옳다.'라고 반복해서 말하며 30초 정도 버팁니다. 그리고 이번에는 왼발을 살짝 들고 오른발로 몸 전체의 균형을 잡습니다. 이때는 '화를 다스릴 수 있다. 두렵지 않다. 흥분하지 않는다.'라고 반복해서 말하며 역시 30초 정도 버팁니다. 이렇게 한 발 들기를 1분 정도 합니다.

눈을 감고 한 발 들기를 자주 하면 균형감과 집중력 향상에 도움이 될 뿐만 아니라, 뇌 기능 발달 및 질병 예방에도 도움이 된다고 합니다. 또한 눈을 감은 채로 한 발 들기를 몇 초 정도 유지할 수 있느냐에 따라 뇌 건강을 알아보는 지표로 활용할 수 있다고도 합니다.[23] 한 발로 설 수 있는 시간을 조금씩 늘려 나가 보세요.

그다음으로 '나를 사랑해. 잘하고 있어, 오늘 하루도 힘내자.'라고 말하며 양손을 엑스 자로 해서 어깨부터 온몸을 쓰다듬어 줍니다. 그렇게 몸 전체를 구석구석 따뜻하게 쓰다듬어 주면 스스로에게 주는 사랑이 온몸으로 퍼져 나가는 기분을 느끼게 됩니다.

이제 명상의 마지막 단계입니다.

당신이 숨을 고르고 마음이 평온한 상태라면 비로소 오늘의 선물을 받을 준비가 되신 겁니다. 눈을 감은 상태로 다음의 장면을 상상합니다.

> '오늘'이라는 선물 상자를 신께서 내게 건네주십니다. 그 선물 상자를 경건한 태도로 허리를 굽히고 두 손으로 받습니다. 그리고 그 상자 위에 쓰인 오늘의 연도, 날짜, 요일을 바라봅니다. 곧이어 선물 상자를 열 십자로 묶은 끈을 당겨서 풉니다. 상자를 열면 그 안에는 색안경이 들어 있습니다. 안경을 쓰고 안경알 색깔에 따라 세상이 달리 보이는 것을 느낍니다.
>
> 당신 앞에 당신이 좋아하는 단어, 당신만의 명언, 당신에게 힘을 주는 문장이 놓여 있습니다. 당신이 선택한 안경알 색으로 그것들을 바라봅니다. 그 단어, 글들을 바라보기도 하고, 몸에 문질러 보기도 하고, 당신의 몸에 문신처럼 붙여 보기도 하고, 호흡과 함께 내 몸 안으로 들어오게 합니다. 이제 그것들이 나와 하나가 됨을 느낍니다. 신이 주

신 선물을 받은 겁니다.

조금은 비정상적인 상상이라 많이 놀랐겠습니다. 하지만 이런 상상을 통해 '오늘'이라는 선물을 온몸으로 받은 것이라 생각합니다.

여기까지가 아침 명상 과정입니다. 이렇게 하는 데 걸리는 시간은 다해서 10분 내외입니다. 당신의 행복한 아침을 위해 10분 더 자는 것보다는 10분의 명상 시간을 가져 보기를 적극 권합니다.

10분 더 자는 것이 중요하다면 잠자는 시간은 그대로 유지하기 위해 평소보다 10분 일찍 주무세요. 그리고 다음 날 10분 일찍 일어나서 아침 명상을 실천해 보세요. 10분 동안의 아침 의식. 오늘이라는 선물을 신으로부터 받는 10분간의 아침 의식은 당신에게 마음의 평화와 안정, 그리고 행복한 감정을 줍니다.

그래서 신이 주신 오늘이라는 선물을 꼭 풀어 보시고 당신의 것으로 만드세요.

오, 하고 감탄하면서….
늘, 변함없이….
오늘이라는 선물을 받는 주인공이 당신이기를 바랍니다.

행복을 위한 처방전 28

틈나는 대로 명상하는 습관 갖기

- 먼저 아침 시간에 명상하는 것을 습관화하고, 조금씩 변화를 주며 자신만의 명상 방법을 만듭니다.
- '차 안에서 신호 대기하며 명상하기, 교무실 모니터 앞에서 명상하기, 비누로 손을 구석구석 씻으며 명상하기, 물 마실 때 몸 속에서 물이 퍼지는 것을 상상하며 명상하기' 등 다양한 공간에서 다양한 방법으로 짧은 시간 내에 할 수 있는 초간단 명상 습관을 만듭니다.

돌아보기

우리의 인생은
결국 학교에서
펼쳐지고 있으니

몸집보다 큰 날개를 가지고 있어 남들이 비웃었지.
벼랑 끝에 올 때까지 뒤뚱뒤뚱 걸어야 했으니까.
이제는 날아야 할 때.

날아오른다는 것은
멈춰 선 이 공간에서 뛰어내린다는 것.
네가 뛰어내리는 이곳은

날갯짓을 하면 활주로,
날갯짓을 하지 않으면 절벽.

날개는 하늘을 날 때 가치를 지니게 되지.
지느러미가 물을 가를 때 비로소 의미를 지니는 것처럼.
네가 가진 것이 날개인지, 지느러미인지, 다리인지를 살펴봐!

하늘을 날 것인지,
물속에서 헤엄칠 것인지,
평야를 뛸 것인지,
또는 땅 위를 기어갈 것인지.

그걸 결정할 수 있는 것은
바로 너뿐이야.

당신만의 케렌시아를 만들어라

29일

행복한 학교 소식을 전해 드립니다

– 안녕하십니까. 9시 뉴스의 ○○○입니다. 첫 번째 소식입니다. 요즘 들어 너무 똑같은 소식만 전해 드려 죄송한 마음이 앞섭니다. 오늘도 대한민국 어느 학교에서 있었던 행복한 학교 소식을 전해 드립니다. □□□ 기자가 전합니다.

아!
정말 볼 것 없는 텔레비전의 뉴스.
어느 채널을 돌려도 행복한 학교 소식뿐.

사실이다.
정말이다.
놀랍게도 꿈이 아니다.
당혹스럽게도 꿈이 아니다

라고 생각하고 있을 때,

별안간

집안 전체를 뒤흔드는 알람 소리.
점점 커진다.

꿈인지 생시인지
너무나 구별이 명확한,
개 한 마리 등장하지 않은
허무맹랑한 개꿈에
짜증스러움 한가득
이불로 얼굴을 덮는다.

오 분만 더 잘 수 있으면
그게 내겐 행복인데,

하루만 개학이 늦춰진다면
그게 바로 내겐 행복한 학교 소식인데.

눈 뜨기가 힘든 아침입니다. 세상에서 가장 듣기 싫은 소리가 아침을 깨우는 알람 소리입니다. 당신이 설정한 시간에, 당신이 고른 멜로디였을 텐데도 제시간에 울리는 알람 소리가 전혀 고맙지가 않습니다. 기대되고 설레는 아침이라면 알람 소리보다 먼저 일어날 수 있는데 말이죠. 눈 뜨자마자 당신의 행복은 깨졌습니다. 하지만, 깨어 있을 때보다 눈을 감고 있을 때가 더 행복하다면 당신의 삶에 뭔가 문제가 있는 겁니다.

뭐든지 시작이 중요합니다. 행복한 하루를 만들기 위해서는 하루의 시작부터 행복해야 합니다. 설렘으로 눈을 뜨는 아침이어야 합니다. 그래서 알람 소리가 울리면 일어나서 하고 싶은 일을 해야 합니다.

하루의 첫 알람 소리는 당신의 잠을 깨우는 소리가 아니라, 당신이 아침에 일어나서 처음으로 해야 하는 일의 시작을 알려 주는 알람이어야 합니다. 아침에 일어나자마자 당신을 기분 좋게 해 주는 것이 무엇인지를 생각해 보세요. 앞에서 소개한 명상을 하기 전과 후에 할 수 있는 아침 활동에 대해서 소개합니다.

– 자리에서 일어나자마자 이불 정리하기
– 커튼 젖히고 창문 열어 심호흡하기
– 세수하고 나서 거울 보며 한번 웃어 주기
– 잔잔한 멜로디의 음악 틀기
– 따뜻한 차나 찬물 마시기
– 명상과 스트레칭하기
– 책상에 앉아서 아침 일기 쓰기
– 독서하기
– 산책 또는 정기적인 아침 운동하기(수영, 헬스, 축구 등)
– 주요 뉴스 간단하게 확인하기
– 오늘 해야 할 일 우선순위 정하기
– 차분한 마음으로 식사 준비하기

– 감사한 마음으로 아침 식사 하기

– 입을 옷 다리기

이 모든 것이 한두 시간이 채 걸리지 않습니다. 출근 전 아침 시간을 당신의 시간으로 만들어 보세요. 출근 전에 당신이 하고 싶은 것들을 집에서 여유롭게 먼저 하고 학교로 오세요.

할 일이 많은 당신이란 건 압니다. 잠을 한두 시간 줄이라는 말이 아닙니다. 퇴근 후에 집에 와서 하는 일에 우선순위를 정해서 맨 마지막에 있는 것들부터 줄여 나가며 평소보다 한두 시간 일찍 자는 겁니다. 그리고 한두 시간 일찍 일어나서 당신의 아침 시간을 만들어 보세요. 하루를 지내며 자신만의 여유로운 시간을 길게 한 번 갖기보다는 작은 시간으로 나눠서 여러 번 갖는다는 생각으로 자신의 시간을 관리해 보세요.

아침에 일어나서 서둘러 준비해서 학교까지 도착하는 시간이 30분 이내라고 좋아하는 사람이 당신이 아니었으면 합니다. 급한 걸음으로 출근 시간에 딱 맞춰 교무실에 도착하고 나서 시간 관리에 뛰어나다고 자랑스러워하는 사람이 당신이 아니었으면 합니다.

여유롭게 학교에 도착해서 수업 시간표를 확인하고 오늘 있을 수업을 상상해 보세요. 수업 진도를 확인하고 지난 시간에 했던 것과 오늘 해야 할 것들을 생각해 보세요. 오늘의 주요 뉴스나 학교 소식 등 수업 시작할 때 학생들에게 들려줄 말들도 미리 생각해 보세요. 수업 연구와 학교 업무 등을 위해 공강 시간을 어떻게 활용할지도 1교시 시작하기 전에 구상해 두세요. 그리고 수업에 들어가기 전에 당신만의 '오늘의 다짐'을 만들어 각오를 새롭게 해 보세요.

오늘의 다짐

나를 기다리는 학생들을 맞이하러 갑니다.
학생들 눈에 비칠 내 얼굴을 상상하며,
교실 문을 열기 전에 환한 미소를 짓겠습니다.
문을 열고 밝은 목소리로 인사할 겁니다.
어떤 학생은 떠들고 있을 겁니다.
어떤 학생은 나를 봐도 인사하지 않을 겁니다.
어떤 학생은 엎드려 자고 있을 겁니다.
그것들이 나에 대한 무시는 아닙니다.
학생들의 언행과 상관없이 먼저 웃는 내가 될 겁니다.
긍정적인 에너지를 먼저 주겠습니다.
오늘도 내 행복이 깨지는 순간이 종종 생기겠지만,
그때마다 평정심을 유지할 수 있도록 노력하겠습니다.
내 감정을 다스릴 수 있도록 노력하겠습니다.
그리고 내게 불만을 주는 것보다는 행복을 주는 것에 집중하겠습니다.
그것을 습관으로 만들겠습니다.

하루 일과가 진행되면 중간중간 알람을 설정해 둘 것을 추천합니다. 알람 소리에 맞춰 스트레칭도 하고, 호흡을 고르는 시간을 가져 보세요. 앉아만 있을 경우 몸을 움직이라고 알려 주는 스마트워치를 활용해도 좋습니다. 그렇게 일부러라도 시간 내어 경직된 몸을 움직여 주세요. 1층까지 내려갔다 오셔도 괜찮고, 책상 정리도 좋고, 차 한 잔 마셔도 좋습니다. 그렇게 행복을 위한 작은 시간들을 쪼개서 만드세요. 당신이 통제할 수 있는 시간과 그 시간에 할 수 있는 일들을 짬짬이 만드세요. 이 모든 것들이 습관이 되면 편해집니다. 시간의 여유만큼 마음의 여유가 생깁니다.

학교에서 행복을 주는 시간도 있어야 하지만 행복을 주는 공간도 있어야 합니다. 당신이 편히 쉴 수 있는 학교 내 공간을 만들어 두세요. 스페인의 유명한 투우 경기를 아실 겁니다. 투우사를 향해 거칠게 달려들었던 투우도 거친 숨을 고르며 잠시 쉬는 공간이 있습니다. 그것을 케렌시아(Querencia)라고 합니다.

케렌시아는 스페인어로 '애정, 애착, 안식처, 귀소 본능'을 의미합니다. 케렌시아가 경기장에 특별히 정해져 있는 것은 아니지만, 경기 중에 투우가 본능적으로 자신의 피난처로 삼은 곳입니다. 이때 투우사는 케렌시아 안에 있는 투우를 공격해서는 안 된다고 합니다. 투우가 쉴 수 있는 시간을 보장해 주는 겁니다. 그 누구도 침범할 수 없는 당신만의 공간, 그곳이 당신만의 케렌시아입니다.

당신도 학교 안에서 당신만의 케렌시아를 만들어 보세요.

공식적인 공간으로 만들어진 교사 전용 휴게실도 좋습니다. 그게 아니면 당신만의 공간을 별도로 만들 수 있을 겁니다. 특별실에서 수업하는 당신이라면 그 공간을 유지 관리하느라 힘은 조금 들겠지만, 수업이 없는 시간에는 그 공간 자체가 당신의 케렌시아가 될 수 있습니다.

혹시라도 특별실이 없는 당신이라면 학교 도서관 구석 공간도 괜찮고, 나무 그늘이 있는 운동장 벤치도 좋습니다. 폐쇄성이 있고 독립된 공간이라면 더욱 좋겠지만 그렇지 못하더라도 교무실에서 잠시 벗어나 호흡을 고를 수 있는 곳이라면 그 어느 곳이든 당신만의 케렌시아를 만들 수 있습니다.

꼭 물리적 공간만이 케렌시아가 되고 거기서 휴식을 취할 수 있는 것은 아닙니다. 어디에 있든지 당신의 마음속에만 존재하는 케렌시아를 창조해 낼 수도 있습니다. 수업 시간에 과제 수행을 하고 있는 학생들 사이를 호흡을 가다듬고 천천히 걷는다면 시끌벅적한 교실도 당신의 케렌시아가 될 수 있습니다. 심지어 화장실 좌변기에 앉아 있는 그 순간에도 당신의 케렌시아를 만들 수 있습니다.

학생들을 투우사에 비유하는 것은 결코 아니니 오해 없었으면 합니다. 당신이 투우장에 있는 투우처럼 이런저런 일로 학교에서 지쳐 있다면 잠시 숨 고르기를 해야 합니다. 그리고 호흡이 원래대로 돌아오면 그때 다시 힘차게 달려 나가세요.

해야 할 일을 더 잘하기 위해서 잠시 쉬는 겁니다. 쉴 때와 일할 때를 구별할 줄 아는 사람이 행복합니다. 오늘 하루 뭔가를 열심히 하기로 계획했다면 그만큼 쉬는 계획도 함께 꼭 세워야 합니다.

여유 있는 아침 시간 만들기.

그리고 당신만의 케렌시아 만들기.

당신에게 행복을 주는 시간과 공간을 만들어야 합니다. 학교에서 스스로 행복을 만들어야 합니다. 그래서, 행복한 당신으로 거듭나기를 진심으로 바랍니다. 이제 학교에서 행복한 당신으로 거듭나기 위한 마지막 여정으로 갑니다.

행복을 위한 처방전 29

여유 있는 시간과 공간을 만들 것

- 전날 잠에 들기 전에 다음 날 아침에 일어나서 해야 할 일, 하고 싶은 일을 생각합니다.
- 집을 나서기 한두 시간 전에 일어나서 자신이 하고 싶은 일을 합니다.
- 학교에 자신만의 케렌시아를 만들어 1일 1회 이상 가서 정신적, 육체적 휴식을 취합니다.

당신의 퇴임사와 묘비명에는 어떤 내용이 담겨 있습니까

퇴임식

학생들, 교사들이 모인
마지막 강단 위에 오른다.

예전 그때로 다시 돌아가도 교사를 선택할까.
학교에서 보낸 시간들을 후회 없다 말할 수 있을까.
수업 시간이 항상 즐거웠다 말할 수 있을까.
모두를 헌신적으로 사랑했었다 말할 수 있을까.

부끄러움이 자랑보다 높게 자라 나를 덮을 때
기억의 필름은 흑백으로 지직거린다.

더 많은 웃음을 학생들에게 보여줬더라면
더 많은 친절을 동료 교사에게 베풀었다면
더 많은 여유로움과 유연함으로 학교에 있었다면

정작 하고픈 말은 내 안에서만 빙빙 메아리치고
희(喜)와 노(怒)와 애(哀)와 락(樂)이 뒤섞이며
박수 소리 아득해져 가는데
아쉬운 그림자 등에 업고서
마지막 강단을 내려온다.

삼십 년 교직을 마무리하는 데에는
양치질할 때처럼 삼 분이면 충분했다.

시작이 있으면 항상 찾아오는 것이 있습니다. 그 누구에게도 예외가 없습니다. 그렇게 누구에게나 어김없이 찾아옵니다. 마지막이란 순간은….

오늘도 당신은 쉬지 않고 마지막이란 순간을 향해 갑니다.

교실이라는 무대에서 영원히 내려와야 하는 그때가 반드시 옵니다.

교사에게는 퇴임식이 학생들의 졸업식과 같은 의미입니다. 삶에서의 죽음과 같은 의미입니다. 이제 마지막입니다. 그 순간이 되면 어떤 감정들과 생각들이 당신을 어지럽힐까요?

최근에 힐다잉 체험 프로그램을 운영하는 곳들이 있습니다. 힐다잉이란 '힐링(Healing)'과 '죽음(Dying)'의 합성어로 잘 죽는 것, 또는 좋은 죽음을 의미합니다. 힐다잉 체험에서는 가상의 죽음 체험을 통해 삶의 소중함을 일깨우고, 주변 사람들을 다시 생각해 보면서 자신의 남은 삶에 대해 성찰하는 데에 목적을 둔 체험입니다. 자신의 영정 사진을 촬영하고 유언장이나 마지막 편지를 직접 작성하며, 수의를 입고 입관 체험을 하게 됩니다.

관 뚜껑이 닫히고 빛 한 점 들어오지 않은 좁은 관 안에 누워서 슬퍼하는 사람들의 울음 소리, 관 위로 흙이 떨어지는 소리, 관이 불타는 소리를 들으며 자신의 삶을 돌아볼 수 있습니다. 그때 당신은 무슨 생각을 할까요?

당신이 세상을 떠난 뒤에는 한 조각의 돌이 당신의 묘비명으로 남게 됩니다. 한 편의 소설과도 같았던 묘의 주인, 당신의 이야기가 단 몇 줄의 묘비명으로 요약됩니다. 묘비명에 남겨진 한 단어, 한 단어가 당신이 살았던 흔적을 고스란히 드러내 보일 겁니다.

소설 『그리스인 조르바』의 작가 카잔차키스의 묘비명이 좋은 예시가 될 겁니다.

나는 아무것도 바라지 않는다.
나는 아무것도 두려워하지 않는다.
나는 자유다.

당신의 묘비명에는 어떤 단어가, 어떤 문장이 새겨질까요? 천상병 시인의 「귀천」에 나오는 시구처럼 '아름다운 이 세상 소풍을 끝내고' 당신은 다시 하늘로 돌아갔습니다. 아직 '이 세상에서 소풍 중인 사람들'이 하늘로 돌아간 당신을 찾아왔습니다. 당신은 그들에게 어떤 메시지를 들려주고 싶은가요.

당신이 살아온 삶, 당신이 추구했던 가치를 당신 몸보다도 작은 돌에 남겨 둔 당신의 묘비명이 궁금합니다. 당신의 모든 흔적을 묘비명 한 줄에 담기에는 부족할 겁니다. 하지만 당신을 찾아온 사람들은 당신이 가장 중요하게 생각한 삶의 의미와 가치를 한 줄 묘비명을 통해 짐작하게 됩니다.

생전에 힐다잉 체험을 하며 자신을 돌아볼 시간을 갖는 것처럼 당신도 퇴직 전에 퇴임식의 순간을 미리 상상해 보세요. 그리고 생전에 묘비명을 미리 써 보듯, 퇴직 전에 당신의 교직 생활을 요약할 수 있는 퇴임사를 써 보세요. 그리고 그 퇴임사를 퇴직 전까지 마음에 품고 살아가세요.

정년퇴직도 좋고, 명예퇴직도 좋습니다. 당신의 교직 생활을 돌이켜 보면서 퇴임사를 써 보고, 당신의 퇴임식 또는 퇴임 모임에 참석해 줄 사람들을 생각해 봅니다. 그리고 왜 교사가 되려고 했는지, 그래서 교사로서 어떤 삶을 살았는지를 성찰해 봅니다.

첫 출근의 기억, 첫 수업의 떨림, 담임 반 학생들과 수학여행 갔던 기억, 목이 터져라 응원했던 체육대회, 그리고 아쉬운 졸업식.

그리고 사람들.

– 기억에 남는 학생은 누군가.

– 그때 잘해 주지 못해 아쉬움이 남는 학생은 누군가.

– 애제자라 할 수 있는 학생은 누군가.

– 나로 인해 인생이 바뀐 학생은 누군가.

– 지금까지 동고동락을 함께 한 선생님은 누군가.

– 존경할 만한 선생님은 누군가.

– 교직 생활에 영향을 준 선생님은 누군가.

– 잊고 지내 온 선생님은 누군가.

– 퇴직 후에 만나고 싶은 사람은 누군가.

– 이제는 용서해 주고 싶은 사람은 누군가.

– 끝끝내 화해하지 못한 사람은 누군가.

– 이제 내 주위에 남아 있을 사람은 누군가.

– 고마운 사람은 누군가.

– 그리고 미안한 사람은 누군가.

지금까지 교직 생활을 하면서 무엇이 아쉬웠는지, 또 앞으로 무엇을 더 해 보고 싶은지, 더 노력해야 할 것은 무엇인지, 어떤 삶을 살고 싶은지를 생각해 봅니다. 하루에 모두 정리되지 않을 겁니다. 일주일이 걸릴 수도, 한 달이 걸릴 수도, 그 이상이 더 걸릴 수도 있습니다. 하지만 가끔은 당신의 교직 생활을 돌아볼 수 있어야 합니다.

생각한 대로 살지 못하면 사는 대로 생각한다고 합니다. 파란만장한 삶이 한 줄 묘비명으로 남는 것처럼, 당신의 교직 생활을 한 문장으로 정리해 본다면 그 내용이 무엇이 될지 궁금합니다. 어떤 단어를 사용할지, 그 단어를 어떻게 조합할지, 그 단어가 가장 적확한 단어인지 많은 고민을 하게 될 겁니다.

생각이 바뀌면 행동이 바뀌고, 행동이 바뀌면 습관이 바뀌고, 습관이 바뀌면 성격이 바뀌고, 성격이 바뀌면 운명이 바뀝니다. 지금까지 함께 나눈 우리의 대화를 통해 선생님이 되면 마냥 좋을 줄 알았다던 당신의 생각에, 행동에, 습관에, 성격에 조금이라도 변화가 생겨 마침내 당신의 운명을 원하는 대로 바꿔 나가기를 진심으로 바랍니다.

지난 시간의 후회보다는 미래를 위해 성찰해 보기 바랍니다. 지나간 화려했던 것들은 좋은 추억으로만 남기고, 다시 새 출발 할 수 있는 힘을 내기 바랍니다.

첫날 '당신의 칭찬'으로 시작했던 행복을 만들기 위한 30일 프로젝트. 이제 그 마지막입니다.

선생님이 되면 마냥 좋을 줄 알았다던 당신에게 묻습니다.

'당신의 퇴임사와 묘비명에는 어떤 내용이 담겨 있습니까?'

당신은 무엇을 중요하게 생각한 교사였는지요. 당신의 가르침으로 학생들의 삶에 어떤 변화가 생기기를 바라는지요. 학생들에게 어떤 모습으로 기억되는 교사이기를 바라는지요.

오늘도 행복한 감정을 많이 느낀 하루였는지요. 오늘 하루도 마무리를 잘 해낸 당신이 자랑스럽습니다. 30일 동안의 여정을 잘 마친 당신을 칭찬합니다. 어제처럼 오늘도 변함없이 당신을 응원합니다. 스스로 행복을 만들어 나가는 당신을 사랑합니다.

이제 교실에 들어갈 시간이 되었습니다.

당신의 말 한마디에 삶이 바뀔 수 있는 학생들이 오늘도 당신의 수업을 기다리고 있습니다.

역시, 당신은 대한민국의 훌륭한 선생님입니다.

당신을 존경합니다.

행복을 위한 처방전 30

퇴임사와 묘비명 써 보기

- 퇴임사를 미리 작성합니다. 그리고 퇴임사의 내용을 생각하며 교직 생활을 합니다.
- 묘비명을 미리 작성합니다. 그리고 묘비명의 내용을 생각하며 삶을 살아갑니다.
- 매년 연말연시에 퇴임사와 묘비명을 다시 확인하면서 그 내용을 수정 · 보완해 나갑니다.

선생님이 되어
마냥 좋았습니다

30일 동안 당신에게 드린 '행복 처방전'이 효과가 있었는지 궁금합니다. 그중에 단 하나라도 당신에게 행복을 주었다면 참으로 기쁠 것 같습니다. 이 책을 읽고 나서 "선생님이 되면 마냥 좋을 줄 알았습니다만, 생각보다 나쁘지는 않습니다. 할 만합니다. 아직 괜찮습니다. 때론 즐겁기도 합니다. 아니, 행복합니다. 그래서 다른 사람에게도 교사란 직업을 추천합니다."라고 이야기하는 당신이기를 바랍니다.

'오래 보아야 사랑스럽다'는 나태주 시인의 유명한 시구가 있습니다. 교직 초년 차에 가졌던 불평, 불만, 문제투성이의 학교가 교직 생활 20년 이상을 지내 오다 보니 정이 들었는지 사랑스럽게 보입니다.

세상이 변해도 변하지 않는 교육의 존재 이유는 학생들이 자신의 꿈을 실현시켜 나갈 수 있도록 도와주는 겁니다. 그리고 동시에 공동체의 행복에 기여할 수 있는 학생으로 성장시키는 겁니다. 대한민국의 학교가 그런 교육을 실현하는 공간이 되었으면 좋겠습니다.

가르치려고 하지 마라.

그냥 사랑하라.

저의 카톡 프로필의 타이틀입니다. 글을 쓰는 과정에서 정말 제가 사랑을 가지고 살아가는 교사인지 반성하게 되었습니다. 탈고를 하고 보니 부끄러움만 남았습니다. 때로는 가르침을 가장해서 학생들에게 상처를 준 사람이기도 합니다.

조언이랍시고 '이렇게 해야 한다, 저렇게 해야 한다'는 화법은 스스로를 부끄럽게 만들 것 같아서 피하고 싶었는데, 저도 어쩔 수 없는 꼰대 교사인가 봅니다. 스스로 잘하지 못하면서 말만 많은 사람이 되었습니다.

무엇보다도 교육 현안에 대해 깊게 알지도 못하면서, 지나치게 감상적이고 낭만적인 이야기만 늘어놓은 것은 아닌가 하고 염려됩니다. 한편으로는 격렬한 교육 현장에서 직접 몸으로 부딪치며 헌신적으로 교육 활동을 하는 분들께는 죄송한 마음이 듭니다.

교사 한 개인의 힘만으로 온전한 행복을 만들기에는 많은 한계가 있다는 걸 압니다. 하지만 반대로 제도나 법률, 정책 등 거시적인 현안의 해결이 교사 개인의 모든 행복을 보장해 줄 수도 없습니다. 모든 것들이 서로 잘 어우러져야 행복한 교사가 될 수 있습니다.

대한민국 교육 현장의 최전선에 대한민국 교사가 있습니다.

그들이 만나면 차를 마시든, 식사를 하든 늘 학교 이야기를 합니다. 정말로 순수한 사람들입니다. 학생들 이야기, 수업에 대한 이야기, 시험에 대한 이야기, 교육 프로그램이나 교육 정책에 관한 이야기 등. 여러 이야기를 마치고 그들이 떠난 자리에는 해결되지 않은 이야기들만이 덩그러니 남아 있습니다. 하지만 다행입니다. 동료들과 함께 이야기를 나누며 학교에 대한 걱정과 두려움을 잠시나마 거기에 던져두고 온 것이니까요.

대한민국 교육, 아직은 괜찮습니다.
이렇게 훌륭한 대한민국의 교사들이 학교를 지키고 있기 때문입니다.

대한민국 교육은 나름대로 성과가 있다고 생각합니다. 개선하고 고쳐야 할 것들이 전혀 없는 것은 아니지만 대한민국이 처한 대내외 환경들을 슬기롭게 잘 헤쳐 나가는 중입니다. 지금은 과거에 비해 경제 수준과 시민의식이 많이 향상되었고 그에 맞는 교육으로 바꿔 나가기 위해 과도기의 시련을 겪는 중입니다.

각종 매스컴에서 '대한민국 교육이 붕괴되었다.'며 소리치지만, 당장 해결할 수 없는 문제들만 대안도 없이 들쑤시는 것처럼 보이기도 합니다. 대한민국 교육을 다른 나라 교육과 비교하면서 부족한 것만을 문제 삼습니다. 그것은 남의 자식 잘하는 것만 앞세워서, 내 자식 못하는 것만 문제 삼으며 힐난하는 것과 같은 이치입니다. 부정적인 것들은 당연히 수정하고 개선해 나가야 합니다. 동시에 긍정적인 것에도 집중하고 더 잘할 수 있도록 격려해 주어야 합니다.

대한민국, ‘Korea’를 대표하는 ‘K팝’, ‘K음식’이 있듯이 대한민국만의 ‘K교육’을 만들어 나갔으면 하는 바람입니다.

완벽할 수는 없지만, 아직은 괜찮습니다. 이상적이지는 않지만, 현실에 잘 적응해 나가고 있습니다. 시급히 해결해야 할 문제들도 있지만, 시간을 두고 서서히 변해 가야 하는 것들이 있습니다. 부정적인 면이 분명히 있지만, 긍정적인 면도 많은 대한민국의 교육입니다.

학생이 행복한 학교가 되기를 바랍니다. 그래서 선생님도 행복한 학교가 되기를 바랍니다. 학생과 선생님이 웃을 수 있는 일을 자주 만드는 학교가 되기를 바랍니다.

그래서 현직에 있을 때는 “선생님이 되어 마냥 좋습니다.”, 퇴직할 때는 “선생님이 되어 마냥 좋았습니다.”라고 말하는 당신이기를 진심으로 바랍니다.

저 역시 당신처럼 앞으로도 늘 성찰하고, 성장하고, 성숙한 사람이 되도록 노력하겠습니다. 오늘도 묵묵히 최선을 다하면서 학생들을 사랑으로 가르치는 당신, 대한민국 모든 선생님들께 경의를 표합니다. 대한민국의 모든 교사를 응원합니다. 오늘도 학교 가는 당신의 발걸음이 조금이라도 가벼웠으면 좋겠습니다. 당신도 나처럼 행복했으면 참으로 좋겠습니다.

감사합니다.

미주

1) 교육부가 발표한 '2024. 교육기본통계 주요 내용'의 보도자료. 여기서의 교원 인원은 유초중등교사 합계 인원이며, 509,242명임(조사 기준일은 2024. 4. 1).
2) "국토교통부의 도시철도 차량 표준을 보면 지하철 적정 인원은 1㎡의 면적 당 승객 3명 수준이다. 객차 1량 당 160명일 때 혼잡도를 100%로 규정한다." – "출퇴근 두려운 지옥철", 〈머니S〉, 최윤신, 2015.02.08.
3) 교육부가 발표한 '2023 초중등 진로교육 현황조사'의 보도자료 중 '2023년 학생 희망 직업 조사 결과' 인용.
4) 교육부가 발표한 '2024. 교육기본통계 주요 내용'의 보도자료 인용. 유초중등학생 합계 인원이며, 전체 학생 수는 5,684,745명임(조사 기준일은 2024. 4. 1).
5) '임용 고시'라고도 불리지만 국립국어원의 『우리말샘』에서는 '임용 고사를 고등 고시에 빗대어 이르는 말'로 '임용 고시'를 정의하고 있어 여기서는 '임용 고사'라 통일해서 칭함.
6) "하버드 연구 결과, 스트레스 받을 때 절대 하면 안 되는 행동 1가지", 유튜브 〈지식인사이드〉, 조벽.
7) 이하영, 『나는 나의 스무 살을 가장 존중한다』, 토네이도, 2024.
8) 고려대 한국어대사전에서는 '(사람이 일에) 마음을 다해 힘쓰다'라는 의미의 자동사로 인정하고 있음.
9) 웨인 다이어, 『우리는 모두 죽는다는 것을 기억하라』, 토네이도, 2024.
10) "고교생 4명 중 1명, 반 친구 수업시간에 잔다", 〈이투데이〉, 손현경, 2024.01.17.
11) '가나다 순'에 따라 나열한 것임.
12) 어니 J. 젤린스키, 『느리게 사는 즐거움』, 새론북스, 2008.
13) "2030 교사 86% 월급 탓 이직 고민", 〈한국교육신문〉, 한병규, 2024.09.03.
14) 그래고리 맨큐, 『맨큐의 경제학』, 한티에듀, 2021.
15) 교육청 문제와 최승호 시인이 몇 번을 오답으로 했는지 비교할 수 있음. – "[토요인터뷰] 최승호 시인 "내 시가 출제됐는데, 나도 모두 틀렸다"", 〈중앙일보〉, 이원진, 2009.11.21.
16) 연도는 고시된 해를 기준으로 함.
17) "고등학생 평균 수면시간 5.8시간에 불과", 〈YTN〉, 김잔디, 2022.05.25.
18) 교육부가 발표한 '2022년 학생 건강검사 및 청소년 건강행태조사결과 발표'의 보도자료.
19) "1만 시간의 법칙은 1993년 미국 콜로라도 대학교의 심리학자 앤더스 에릭슨(K. Anders Ericsson)이 발표한 논문에서 처음 등장한 개념이다. 그는 세계적인 바이올린 연주자와 아마추어 연주자 간 실력 차이는 대부분 연주 시간에서 비롯된 것이며, 우수한 집단은 연습 시간이 1만 시간 이상이었다고 주장했다. 이 논문은 다른 수많은 논문과 저서에 인용될 정도로 심리학계에 큰 영향을 미쳤다. 특히 말콤 글래드웰(Malcolm Gladwell)이 저서 《아웃라이어(Outliers)》에서 에릭슨의 연구를 인용하며 '1만 시간의 법칙'이라는 용어를 사용함으로써 대중에게 널리 알려졌다." – [네이버 지식백과] 1만 시간의 법칙(시사상식사전, pmg 지식엔진연구소).
20) "한우 암소 비율? 돼지 1등급 비율? 이 책에 다 있다", 〈CBS노컷뉴스〉, 이재준, 2024.04.01.
21) 서은국, 『행복의 기원』, 21세기 북스, 2024.
22) 프랑수아 를로르, 『꾸뻬씨의 행복 여행』, 오래된미래, 2004.
23) "한 발 서기 10초, 설마 안 된다면?–노화의 증거, 10년 이내 사망 확률 높아져", 〈코미디닷컴〉, 천옥현, 2024.03.31.